2  Sejanus tragedie de Me. Magnon 1647

3  Roxelane tragi comedie de Desmares 1643

4  La Stratonice ou la maladie d'amour
   tragicomedie du s.r Brosse 1645

5  Les vendanges de Suresne comedie par
   Duvix 1636

Y 5546.
N-26.

# LE MARCANTOINE OV LA CLEOPATRE

### Tragedie
## DE MAIRET.

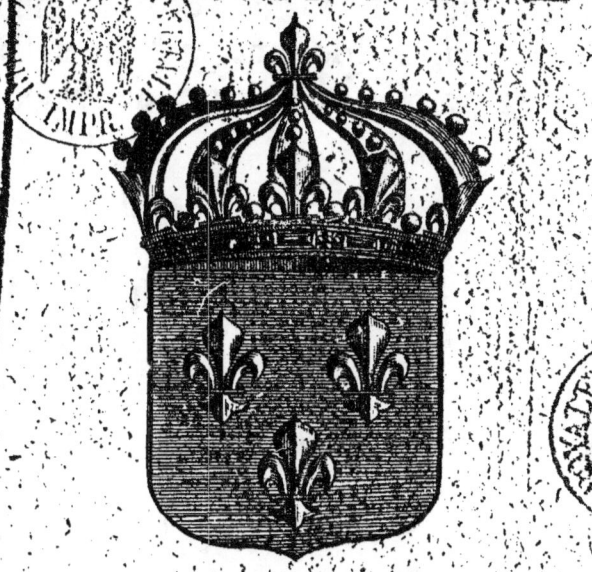

A PARIS,
Chez ANTOINE DE SOMMAVILLE, au Palais,
dans la petite Salle, à l'Escu de France.

M. DC. XXXVII.
AVEC PRIVILEGE DV ROY.

*Extraict du Priuilege du Roy.*

PAr grace & Priuilege du Roy, donné à Paris le 30. May 1637. Signé, Par le Roy en son Conseil, DE MONS-SEAVX, Il est permis à ANTOINE DE SOMMAVIL-LE, Marchand Libraire à Paris, d'imprimer ou faire imprimer, vendre & distribuer vne Tragedie, intitulée, *Le Marc-Antoine, ou la Cleopatre de Mairet*, durant le temps de sept ans, finis & accomplis, à compter du iour que ladite Tragedie sera acheuée d'imprimer. Et defenses sont faites à tous autres de l'imprimer, ny faire imprimer, vendre ny distribuer sans le consentement dudit Sommauille, ou de ceux ayant droict de luy, à peine aux contreuenans de trois mille liures d'amende, & de tous despens, dommages & interests, ainsi qu'il est plus au long porté par les Lettres de Priuilege cy-dessus dattées.

Acheué d'imprimer le 14. iour de Iuillet 1637.

## ACTEURS

ANTOINE, *Triumuir.*
LUCILE, *son amy.*
CLEOPATRE, *Reine d'Egypte.*
CHARMION, }
IRAS,        } *ses Confidentes.*
CÆSAR, *Triumuir.*
ARISTEE, *Grand Prestre.*
OCTAVIE, *premiere femme d'Antoine, & sœur de Cæsar.*
MÆCENAS, }
PROCULEE, } *Confidens de Cæsar.*

Soldats d'Antoine.

La Scene est en Alexandrie.

# LE MARC ANTOINE, OV LA CLEOPATRE

Tragedie.

## ACTE I.

### SCENE PREMIERE

ANTOINE. LVCILE. & ses Capitaines.

ANTOINE aux siens, au retour du combat.

VY mes chers compagnons, ce dernier tes-
moignage
De vostre affection, & de vostre courage,
Cent miracles de guerre à ma veuë acheuez,
Dix esquadrons deffaits, trois quartiers enleuez,

A

## LE MARC-ANTOINE,

Eu fit tant de conduite, & tant de hauts faits d'armes,
Qui des yeux ennemis arracheront des larmes,
Font que vostre Empereur se promet aujourd'huy,
De changer le destin d'entre Cæsar & luy.
Cette prosperité si grande & si visible,
Qui plus que sa vertu le rendit invincible,
Ne peut pas tousiours croistre, ou tousiours luy durer,
Et nous l'auons lassée à force d'endurer :
Mars qui par ce bonheur nous en promet vn autre,
Commence de quitter son party pour le nostre,
Desormais la fortune au merite se ioint,
Et si vostre valeur ne se relasche point,
Vous ne rougirez plus de la voir engagée,
A garder les dehors d'vne ville assiegée,
Vous aurez tout sujet de l'estendre plus loin,
Et d'auoir de vos faicts vn plus digne tesmoin,
Octaue repoussé des murs d'Alexandrie,
S'ira cacher dans Rome au sein de la patrie.
C'est là, que d'assiegez, deuenus assiegeans,
Nous rendrons la franchise à tant d'honnestes gens,
Et que nous vengerons l'vniuers qui souspire
Sous le joug d'vn tyran qui tousiours deuient pire,
Cependant gardez bien que vos cœurs ny vos mains,
Ne rendent mon espoir & mes presages vains,
Demain sur l'horison parestra la iournée,
Pour la deuxiesme fois au hazard destinée,
C'est de cette importante, & derniere action,
Que j'attends le retour du combat d'Actium,

### PISO, Capitaine.

Pourueu, grand Empereur, que l'on nous mette au terme,
De donner, sur la terre, vn combat de pied ferme,
Mes compagnons, & moy, fidelles iusqu'au bout,
Vous promettons de vaincre, ou de mourir debout,
Que vous auions nous fait, vieux guerriers que nous som-
    mes?
Pour combattre sans nous auec de nouueaux hommes,
Sur vn Champ de bataille à toute heure mouuant,
Où la valeur s'expose à la mercy du vent,
Qui fait qu'on attend moins la victoire qui flotte,
De la main du Soldat, que de l'art du Pilote.
Canidie est tesmoin auec quelle douleur,
Le Camp qu'il commandoit apprit vostre malheur,
Que nous eusmes pour vous vne amitié parfaite,
Et que sept iours entiers aprés vostre deffaite,
Les armes à la main, & la tristesse au cœur,
On nous vit refuser les offres du vainqueur.

### ANTOINE.

Il me souuient trop bien du sang que ie vous couste,
Pour reuoquer iamais vos courages en doute,
Aussi la loyauté que vous me faites voir,
Est le plus seur appuy que treuue mon espoir,
Que si iamais le Ciel vouloit ce que ie pense,
Croyez que vostre peine auroit sa recompense,
Et qu'vn chacun de vous connoistroit aux effects

LE MARC ANTOINE

Le bien que ie luy veux & le cas que i'en fais:
Mais il faut descharger ces espaules lassées,
Et du trauail present, & des peines passées;
Allez donc mes amis mettre les armes bas,
Et preparez vos mains à de nouueaux combats.

*Ils s'en vont.*

---

## SCENE II.

### ANTOINE. LVCILE.

#### LVCILE.

SI l'on peut icy prendre vn asseuré presage,
De la serenité des yeux & du visage,
Ces fidelles soldats vous aymant comme ils sont,
Vous reprendrez demain vn laurier sur le front,
Auec la qualité d'Maistre de la terre.

#### ANTOINE.

Vous auez trop vescu parmy les gens de guerre,
Pour ne connoistre pas qu'il est bien dangereux,
D'en esprouuer la foy, quand on est malheureux.

#### LVCILE.

Mais vous leur tesmoignez beaucoup de confiance.

#### ANTOINE.

On tesmoigne souuent contre sa conscience,

Il faut bien les flatter & monstrer en tous cas,
Qu'on s'en promet la foy, que peut-estre ils n'ont pas.
Pour obliger vne amie à nous estre fidelle,
Asseurons-la tousiours qu'on est asseuré d'elle.

### LVCILE.

Iusqu'icy, grace aux Dieux, nous n'auons pas dequoy
Reprocher à vos gens ce manquement de foy,
Ils ont tousiours suiuy, d'vne ardeur non commune,
Vostre rare vertu.

### ANTOINE.

Mais ma bonne fortune,
Lucile, croyez moy, le sort est inconstant,
Et ces mesmes Soldats dont vous esperez tant,
Si i'estois menacé d'vn asseuré naufrage,
Me quitteroient possible au milieu de l'orage,
C'est pourquoy, cependant qu'vn reste de bon-heur,
Entretient dans leurs cœurs, l'esperance & l'honneur.
Il est bon d'employer les bras de nos armées,
Qui murmurent desia de se voir enfermées,
Outre, que de Cesar la croissante grandeur,
Ce nom qui chez le peuple est de si bonne odeur,
Et les corruptions qui luy sont ordinaires,
Nous pourroient desbaucher, ces esprits mercenaires.
Mais seriez-vous d'aduis que le premier effort,
Ce fist sur les vaisseaux qui regardent le port?
Pour nous rendre la Mer, & le passage libre,

De la cheute du Nil à la source du Tybre,
Pendant que moy present à ce combat naual,
Vous tireriez dehors tous nos gens de cheual,
Qui couuriroient les flancs de nostre Infanterie,
Et la feroient combatre auec plus de furie.

### LVCILE

Si iamais escoutant mes fidelles aduis,
Il vous succeda bien de les auoir suiuis,
Considerez encor celuy que ie vous donne,
De changer le dessein, de combatre en personne,
Et commettez le sort de ce choc general,
Aux soings de vos amis & de vostre Admiral.

### ANTOINE

Comme Antoine en personne y perdit la victoire,
Il voudroit en personne y recouurer sa gloire.

### LVCILE

Seigneur, ces vains respects ne sont plus de saison,
La terre, de la Mer vous peut faire raison,
C'est là que vous deuez auec plus d'apparence,
Fonder vostre meilleure & derniere esperance,
C'est là que la fortune auec de plus grands coups,
Mettra la difference entre Cæsar & vous,
Et que plus aisement le meilleur Capitaine,
Peut rendre à son party la victoire certaine,
Or qu'Octaue vous cede en l'art de commander,

C'est vn poinct que luy-mesme est contraint d'accorder,
Et que tous ses flatteurs sans excez d'insolence,
N'oseroient seulement auoir mis en balance,
Puisque ses plus beaux faits des vostres empruntez,
Doiuent tout leur esclat à vos propres clartez,
Si bien qu'ayant sur luy ce notable aduantage,
Et les meilleurs soldats de l'Euphrate, & du Tage,
Voudriez-vous hazarder pour la seconde fois,
Le titre de vainqueur, & de Maistre des Rois,
Et pensant reparer vne premiere faute,
En faire vne seconde, ou pareille, ou plus haute?
Ne vous picquez donc pas en aueugle Nocher,
De vous perdre deux fois contre vn mesme Rocher.
Pensez que la fortune a mis dans vostre barque,
Et la vie, & l'honneur, de tant de gens de marque,
De Cleopatre mesme, & de tous vos amis,
Que cette vanité mettroit en compromis.
Seigneur, pardonnez-moy, l'amour que ie vous porte,
M'oblige absolument à parler de la sorte.

### ANTOINE.

Ce n'est pas vn suiet qui demande pardon,
Que faire à ses amis vn salutaire don,
I'estime vos conseils, & les prends auec ioye,
Comme vn rare present que le bon-heur m'enuoye,
Le dessein que i'auois, & que vous combatez,
Vient du puissant obiet qui meut mes volontez,
Et qui veut auec moy sans difference aucune,

Dans le mesme vaisseau courir mesme fortune.

### LVCILE.

Qui ne voit qu'elle emprunte en ce dessein trompeur,
Les habits de l'Amour pour desguiser sa peur,
Elle espere sur mer, à l'extreme reduite,
De tenter auec vous vne seconde fuite,
Vous obligeant, peut-estre à cet acte honteux,
Auant que le combat soit seulement douteux.
C'est assez qu'vne fois sa fuite criminelle,
A terni vostre nom d'vne honte eternelle.
Il est temps à la fin, de vous desaueugler,
Et que le iugement commence à vous regler.
La Reine dans la ville, auec ses sacrifices,
Nous rendra de meilleurs & plus seants offices,
Ioint que pour contenir le peuple en son deuoir,
Il est expedient qu'elle s'y fasse voir,
Telle sedition est possible conceuë,
Dont sa seule presence empeschera l'issuë,
Autrement nous craindrons, & dehors & dedans.

### ANTOINE.

Ie me rends, cher Lucile, à vos aduis prudens,
Mais il faut que tantost vous vous donniez la peine,
De les faire gouster à l'esprit de la Reine,
Auec cette Eloquence & ce raisonnement,
Qu'elle remarque en vous auec estonnement,
Soyons luy cependant les messagers fidelles,
Et les premiers tesmoins de nos palmes nouuelles.

SCENE

## SCENE III.

### CLEOPATRE. IRAS. CHARMION.

#### CHARMION.

Madame, dans la ville on tient pour asseuré,
Que l'honneur du combat nous est tout demeuré.
C'est pourquoi vous pouuez, sans honte, & sans contrainte
Chasser de vostre esprit, la tristesse, & la crainte.

#### CLEOPATRE.

Parmy ces grands suiets qu'il a de s'affliger,
Il considere à peine vn bon-heur si leger,
La Mer ne quitte pas ce qu'elle a d'amertume,
Pour vn petit ruisseau qui se perd en escume.

#### IRAS.

A toute extremité si m'accorderez vous,
Que son bord toutesfois en demeure plus doux,
Ainsi vostre amertume en doit estre adoucie,
Au moins comme la Mer en sa superficie.
Voulez vous receuoir & le bien & le mal,
D'vn visage pareil, & d'vn esprit esgal?

## LE MARC ANTOINE

Pour les moindres presents que la fortune fasse,
Elle exige de nous des actions de grace,
Et nostre indifference est pour elle vn mespris,
Qui l'oblige au refus de ceux de plus grand pris;
Quittez donc ces chagrins & qu'Antoine vous voye
Auec des sentiments d'esperance & de ioye,
Et par ces traits d'esprit qui ne vous coustent rien,
Surprenez tout ensemble & rauissez le sien.

### CLEOPATRE

Vous m'obligez à faire vne galanterie,
Qu'il receura luy-mesme auecque mocquerie.
N'importe ie le veux, Charmion approchez.

*Elle luy parle à l'oreille.*

### CHARMION

Elle sera fort bien.

### CLEOPATRE

      Et sur tout despechez,
Vostre viuacité seroit elle assez grande,
Pour pouuoir deuiner ce que ie luy commande ?

### IRAS

I'auouë ingenument que i'en suis en soucy.

### CLEOPATRE

Si ne le sçaurez vous qu'elle ne soit icy.

### IRAS.

Ie me doute à peu pres de ce que ce peut estre.

### CLEOPATRE.

Suffit que son retour vous le fera connestre.
C'est vne affetterie assez hors de saison,
Qu'on pourroit censurer auec trop de raison,
Car enfin sage Iras, quand ma triste pensée
S'entretient des malheurs dont ie suis menacée,
Ie treuue que les ris, les plaisirs, & les jeux,
Irritent la fureur de mon sort outrageux,
Et qu'il sieroit bien mieux à mon ame affligée,
De plaindre incessamment ma fortune changée.
Que de nuages noirs, de craintes, & d'ennuis,
Ont fait de mes beaux iours de tenebreuses nuicts.
Depuis cette action de memoire honteuse,
Que ma fuite & ma perte ont rendu si fameuse,
Que ton amour, Antoine, & mon ambition,
Ont bien changé l'estat de ma condition!
Iras, vous souuient-il de la magnificence,
De l'estat glorieux, de pompe & de puissance,
En fin de la splendeur dont nous brillions tous deux,
Quand mes premiers regards allumerent ses feux?
Lors qu'apres le malheur de Brute & de Cassie,
Il m'enuoya sommer d'aller en Cilicie,
Où ie fus le treuuer auec cet appareil,
Dont l'esclat orgueilleux n'eut iamais de pareil.

B ij

Ah! si mes yeux alors, eussent eu moins de charmes,
Qu'ils m'auroient espargné de souspirs & de larmes!
Que ie serois contente, & qu'il seroit heureux,
S'il eut veu ma beauté sans en estre amoureux!
Ie regnerois en paix sur l'Egypte feconde,
Et luy seroit Seigneur de la moitié du monde:
Mais ie ne doute point que nous ne soyons nez,
Pour nous rendre tous deux l'vn l'autre infortunez:
Suiuons donc iusqu'au bout nos destins lamentables,
Et ne les fuyons plus s'ils sont ineuitables.

### IRAS.

Vous ne remarquez pas comme insensiblement
Vostre ame ingenieuse à son propre tourment,
Se sert du souuenir de ces choses plaisantes,
Afin d'en agrauer vos miseres presentes:
Ouy Madame, les dieux vous peuuent rendre encor
Cette mesme fortune, & ce mesme âge d'or:
Mais voicy ma compagne auec vne Couronne,
Ah! vrayment ie l'entends, la pensée en est bonne,
Et digne de l'esprit de vostre Majesté,
Qui brille de lumiere, & de viuacité.

### CHARMION.

Madame, il a fallu que ie me sois hastée,
Ayant laissé Lucile & le Mage Aristée,
A la suitte du Roy qui sera tost icy.

## DE MAIRET.

### CLEOPATRE

Bien nous le receurons.

### CHARMION.

Ie l'entends, le voicy.

---

## SCENE IV.

## ANTOINE, LVCILE, ARISTEE.

### ANTOINE.

EN fin, nous la treuuons auec beaucoup de peine,
Mais par vne frayeur aussi courte que vaine,
Il faut de son courage esprouuer la vertu,
Feignant adroitement d'auoir esté battu.
Madame, vous voyez les pitoyables restes,
D'vn siege, & d'vn combat esgalement funestes,
Et pour dire en vn mot, vostre sort & le mien,
L'espoir est vn thresor où nous n'auons plus rien.

### CLEOPATRE.

Il n'est perte de bien, ny deffaitte d'armée,
Pourueu qu'Antoine viue, & que i'en sois aymée,
Qui me puisse obliger à desirer la mort,
Attendant de luy seul le naufrage ou le port.

### ANTOINE.

Ouy, Reine des beautez, vostre Antoine vous ayme,
Autant que vous sçauriez le desirer vous mesme,
Et vostre amour aussi le rend plus glorieux,
Que le titre de grand, & de victorieux :
Car pour nostre sortie, asseurez-vous qu'Octaue
N'a pas suiet de rire, ou de faire le braue,
Dix esquadrons des siens dans la lice aduancez,
Iusque dedans leur Camp ont esté repoussez,
Nos Soldats, que la faim de la vengeance pique,
Tels, & plus fiers encor que les Lyons d'Afrique,
Ont estonné les yeux de Lucile & de moy,
Par des exploicts si grands qu'ils surpassent la foy.

### LVCILE.

Il est vray que la force & les armes brillantes,
Ne tomberent iamais en des mains si vaillantes.

### ANTOINE.

Entre autres vn Gaulois a fait vne action
Bien digne de sa force & de sa nation,
Il a pris, luy tout seul, le Chef d'vne Cohorte,
A la teste du camp, dont il gardoit la porte,
Et de plus, sain & sauf, s'est rendu parmy nous,
Son bouclier tout couuert, & tout percé de coups
Pour moy, dés à present ie le fay chef de bande,
Et pour dernier bien-fait ie vous le recommande.

## CLEOPATRE.

Il pourra dés demain au combat retourner
Auec des armes d'or que ie lui vay donner :
Et pour vous i'ay la main, & la matiere prestes,
Dont ie veux couronner la premiere des testes.

## ANTOINE.

Quoy qu'Antoine luy-mesme ait le combat rendu,
C'est à vous mieux qu'à luy que ce laurier est dû;
Puisque c'est vostre image en son ame imprimée,
Qui fait les beaux desirs dont elle est animée :
C'est d'elle que ie tiens cette noble chaleur,
Qui d'vn cœur heroïque excite la valeur.
C'est elle qui m'esleue à de si hautes choses,
Et pour qui les dangers me sont couuers de roses.
En fin chere beauté, c'est pour vous, & par vous,
Que l'amoureux Antoine a fait de si beaux coups ;
De mesme que nos Dieux faisoient dans la meslée,
La vaillance d'Hector, & du fils de Pelée.

## CLEOPATRE.

Mon sexe dans la guerre a si peu de bon-heur,
Qu'ayant part au danger, il n'a rien à l'honneur :
Seruez-vous donc du droict que le vostre vous donne,
Et prenez pour vous seul cette double Couronne,
Le Myrte, & le Laurier, y sont esgalement,
Et le prix d'vn vainqueur, & le prix d'vn Amant.

## LE MARC-ANTOINE

### ANTOINE.

Dieux, quand viendra le temps que Mars & la Fortune
Me rendront les moyens de vous en donner vne,
Dont la circonference, & le feuillage vert,
Embraſſe tout le monde, & le mette à couuert.

### CLEOPATRE.

Ce ſera quand les Dieux d'vne iuſte balance,
Peſeront le merite auec la recompenſe.

### ARISTEE.

Que voſtre Majeſté faſſe donc ce qu'il faut,
Pour meriter l'amour des puiſſances d'enhaut.

### CLEOPATRE.

C'eſt bien dit, Ariſtée, allons donc droict au Temple,
Et que toute la Cour y vienne à noſtre exemple.

### Page de LVCILE.

Seigneur, vn ieune Eſclaue au logis vous attend,
Afin de vous aprendre vn ſecret important,
Pour le Prince (dit-il) & pour vous ſalutaire.

### LVCILE.

Apres le ſacrifice on ſçaura ce myſtere.

ACTE

DE MAIRET.

## ACTE II

### SCENE PREMIERE.

### ANTOINE. LVCILE.

#### LVCILE

Vel Mage eut deuiné que ce mesme Gaulois,
Qui fit hier à nos yeux de si rares exploits,
Nous eut abandonnez, & dans la nuict prochaine,
Auec les armes d'or que lui donna la Reine.

#### ANTOINE.

Non, ie n'eusse pas creu qu'vn si lasche dessein,
Apres tant de bien-faits, eut tombé dans son sein,
Et l'execution m'en est d'autant plus dure,
Qu'il est de consequence, & de mauuais augure,
Apres ce lasche tour, que ne craindray-je pas,
De la corruption de mes autres Soldats ?
Race ingrate, sans foy, mutine & suffisante,
Qui voit auec mespris ma fortune presente,

C

#### LVCILE.

Mais pourquoy voulez-vous sour on seul qui fait mal,
Soupçonner la vertu de tous en general?

#### ANTOINE.

Tantost que i'ay passé du Palais au Theatre,
Pour assembler nos gens & ceux de Cleopatre,
Auez-vous obserué comme tous froidement,
Ont receu ma harangue, & mon commandement?
Ah! que i'ay trop apris dans nos guerres ciuiles,
Qu'il est peu de vertu parmy ces ames viles,
Et le nombre des Chefs qu'ils ont abandonnez,
Surpasse de beaucoup ceux qu'ils ont couronnez.

#### LVCILE.

Pourquoy voulez-vous donc, apres ce long estude,
Commettre vostre vie à leur ingratitude?

#### ANTOINE.

I'accorde qu'il est bon que l'exemple d'autruy,
En pareil accident me conseille auiourd'huy:
Mais sçachez que le choix de ce qu'il nous faut faire,
N'est plus vne action ou libre ou volontaire,
Et que c'est la rigueur de la necessité,
Qui regle mes desirs en cette aduersité.

#### LVCILE.

Nostre ame bien souuent à sa perte obstinée,
De son aueuglement forme sa destinée,

Et tel qui nomme fort vn extreme danger,
S'en pourroit garentir s'il y vouloit songer.

### ANTOINE.

Il semble à vous ouyr qu'à deux doigts de ma perte,
Ie refuse la planche à mon naufrage offerte?

### LVCILE.

Non, mais qu'il est en vous de faire encore vn coup,
Digne d'vn homme sage, & plus seur de beaucoup
Que ce dernier essay, des esprits & des armes.

### ANTOINE.

Il faut donc me resoudre à de honteuses larmes,
Puis qu'enfin i'ay cherché tous les autres moyens,
pour espargner le sang de mes concitoyens.
Quelles soubmissions ne m'a-t'on point veu faire,
Pour mettre à la raison ce superbe aduersaire?
Quels articles de paix n'ay-je pas proposez?
Ou quel autre vainqueur les auroit refusez?
Ie ne demandois pas vn plus grand aduantage,
Que d'auoir Cleopatre & l'Egipte en partage,
L'Empire, à cela pres, remis à son pouuoir,
C'estoit la moindre part que i'y deuois auoir.
Moy, qui par des trauaux d'eternelle memoire,
Appuyay la grandeur de sa naissante gloire:
Et qui fus le vangeur de l'iniuste trespas,
D'vn, dont il tient la place & ne la remplit pas.

O Cesar ! qui du Ciel vois la terre où nous sommes,
Faut-il qu'vn nom si beau, si grand, si cher aux hommes,
Ce nom qui se fit craindre auec tant de douceur,
Enfle les vanitez d'vn ingrat successeur ?
Qui loin de faire bien à ceux qui te suiuirent,
Et qui dans les combats luy-mesme le seruirent,
Les trompe, les querele, & les poursuit à tort,
Indigne de ta vie, & digne de ta mort.
Non non, ne cherchons plus en de vaines prieres,
Vne nouuelle honte à nos vieilles miseres,
Non Lucile, il suffit qu'Antoine s'est soubmis,
A ce qu'auroient voulu les plus fiers ennemis,
Qu'il a deshonoré cent victoires insignes,
Par cent soubmissions de son courage indignes,
Et dont tout l'vniuers le blasmeroit vn iour,
S'il n'auoit son excuse en la force d'amour.

### LVCILE.

Ie sçay trop que le vostre aueugle & sans limites,
Nous à rendu tesmoins des choses que vous dites:
Mais ayant fait pour luy plusque vous ne deuez,
Ne faites pas pour vous moins que vous ne pouuez :
Il vous reste vn moyen honneste & salutaire,
Que ma fidelité m'empesche de vous taire.
Vous souuient-il encor de l'obligation,
Qui vous acquit ma vie, & mon affection ?

## ANTOINE.

C'est le seul fruict qui reste au miserable Antoine,
De la palme cueillie aux champs de Macedoine,
Où l'on sçait que j'estois dans la poudre & le sang,
Tandis que ce grand homme abandonnoit son rang.

## LVCILE.

Vous ne doutez donc pas que ie ne vous conseille,
Suiuant les mouuements d'vne amour sans pareille ?

## ANTOINE.

Ie douterois de tout si j'en auois douté :
Parlez donc, bien certain d'estre bien escouté.

## LVCILE.

Seigneur, quand ie deurois tomber en vostre haine,
Et receuoir la mort par les mains de la Reine,
Il faut encore vn coup que ie vous fasse ouyr,
Vn nom que son amour luy fit tousiours hayr ;
C'est la tres-vertueuse, & tres-belle Octauie,
Qui vous peut conseruer la fortune & la vie.

## ANTOINE.

Quoy Lucile, est-ce-la ce iugement si meur,
Qui me deuoit fournir vn remede si seur ?
Apres que nous l'auons pour vne autre laissée,
Et dans nostre diuorce indignement chassée ?

Et de noſtre Prouince, & de noſtre Maiſon,
Elle nous doit hayr auec trop de raiſon,
Et garder contre nous ce deſir de vengeance,
Dont vn cœur offenſé tire ſon allegeance.

### LVCILE.

Vne autre qu'Octauie en vſeroit ainſi,
C'eſt pourquoy ſa bonté merite plus auſſi ;
C'eſt en quoy la vertu de cette ame heroïque,
Se monſtre d'autant plus en ſon eſpece vnique,
Qu'eſtant d'vne beauté ſans reproche & ſans prix,
Elle à pû ſans murmure endurer vos meſpris.

### ANTOINE.

Reuenons au propos que vous auiez fait naiſtre,
Ie connois Octauie ou ie la doy connoiſtre,
Et trop tard vos diſcours me vont repreſentant,
La faute que ie fis en la perſecutant.
Mais poſons qu'en faueur des fruicts de noſtre couche,
Le ſoin de mon ſalut aucunement la touche,
Dans vn mal ſi preſſant, quel ſecours de ſa part,
Me peut venir ſi toſt qu'il ne vienne trop tard?

### LVCILE.

Lucile neantmoins, vous fera voir vn homme,
De qui vous apprendrez qu'elle n'eſt plus à Rome,
Et qu'elle s'eſt renduë en moins de douze iours,
En lieu d'où vous pouuez en tirer du ſecours ;

Et la voir s'il vous plaist en l'estat pitoyable,
Où l'a mise pour vous son amour incroyable :
Mais que cette nouuelle à vos sens estonnez,

### ANTOINE.

Ah! Lucile en effect que vous me surprenez,
Et que vous mettez bien mon esprit à la gehesne,
M'exposant au hazard de desplaire à la Reine,
Elle en mourroit de dueil, vous la cognoissez bien.

### LVCILE.

Il ne tiendra qu'à vous qu'elle n'en sçache rien,
Octauie elle mesme à soy-mesme inconnuë,
Et chez moy dans la nuict en esclaue venuë,
Ie ne voy pas pourquoy, ny de quelle façon,
Elle en puisse tirer le plus foible soupçon.

### ANTOINE.

Mais comment quitter Rome, & venir en Esclaue?

### LVCILE.

Soubs couleur d'obeyr au mandement d'Octaue,
Et cherchant en effet vn remede à vos maux,
Elle partit d'Ostie auec quatre vaisseaux,
Dont trois pour sa defense estoient armez en guerre,
Et l'autre plein de bleds les plus beaux de la terre,
C'est auec ce dernier que les Dieux ont permis,
Qu'à trauers tous les rangs des vaisseaux ennemis,

N'ayant que son amour de Phare & de Pilote,
Elle à pû se mesler à ceux de vostre flote,
Et me venir treuuer comme Esclaue des siens,
Qui passent dans le port pour marchands Tyriens.

### ANTOINE.

Mais en fin que veut-elle?

### LVCILE.

Empescher vostre perte.

### ANTOINE.

La fin de son dessein m'est assez descouuerte,
Ie sçay son interest & voy bien qu'elle veut
Solliciter mon ame à plus qu'elle ne peut;
Sans doute elle pretend que ie quitte ma Reine,
Mais sa pretention est ridicule & vaine;
Ainsi ne pouuant pas luy complaire en ce poinct,
I'auray meilleure grace à ne l'escouter point.

### LVCILE.

Sçachant à quel degré cet amour vous engage,
Elle a pour autre chose entrepris ce voyage,
Seigneur il faut la voir, & d'un peu d'amitié
Payer ce digne objet d'amour & de pitié,
Ie vay donc la querir auec ferme esperance,
Que vous serez content de cette conference,
Elle est icy tout proche au Temple d'Anubis.

Où ie la doy treuuer en ses premiers habits.

## SCENE II.

### ANTOINE seul.

O Dieux ! ie suis d'accord que mon ingratitude
Ne se peut expier d'vn suplice assez rude,
Et que ie ne vaux pas qu'vn cœur si genereux,
Illustre de ses soins mon destin malheureux,
O beauté si parfaite, & si persecutée,
Pourquoy mes longs mespris ne t'ont-ils rebutée,
Plustost que de m'emplir en cette occasion,
De honte, de remords, & de confusion.
Mais la voicy qui vient, ah ! dieux comme le trouble,
A ce modeste objet, en mon ame redouble.

## SCENE III.

### OCTAVIE, ANTOINE, LVCILE.

#### ANTOINE.

Madame vous soyez, ô Dieux ! que faites vous ?

#### OCTAVIE

Ie fay ce que ie doy, i'embrasse vos genoux.

#### ANTOINE

Leuez-vous s'il vous plaist, faites-moy cette grace,
Ou ie seray contraint de vous quitter la place.

#### OCTAVIE

Vostre venuë est vn bien que i'ay trop souhaité,
Pour hazarder ainsi de me le voir osté.

#### ANTOINE.

Tous compliments à part, dites-moy ie vous prie,
Quel dessein vous ameine aux champs d'Alexandrie ;
Et quel sujet si grand vous oblige à changer
Vostre pays natal en vn ciel estranger.

#### OCTAVIE.

Le mesme qui fertile à produire mes peines,

Me fit faire autrefois le voyage d'Athenes,
Et permettent les Dieux pour mon contentement,
Que cettuy-cy n'ayt pas le mesme euenement.
Ah si vostre Octauie en ce premier voyage,
Au lieu de vostre lettre, eut veu vostre visage,
Peut-estre que le Nil, en malheur si fecond,
Ne m'eust pas obligée aux trauaux d'vn second;
Peut-estre la beauté de vostre Egyptienne,
N'eust rien gaigné sur vous au mespris de la sienne;
I'estois pourueuë encor de ces mesmes appas,
Que vos yeux autrefois ne mespriserent pas,
Et de qui ma langueur, que rien n'a diuertie,
A depuis desrobé la meilleure partie;
Ie vous portois de plus cette parfaite amour,
Que ie vous garderay iusqu'à mon dernier iour.
Mais sçachant ce que peut vne pudique fâme,
Pour sauuer son espoux d'vne adultere flâme,
Elle eut assez d'esprit pour me faire ordonner,
De ne passer pas outre, & de m'en retourner.
Ie vous laisse à penser au moins s'il est possible,
Combien ce coup mortel me deut estre sensible,
Et s'il n'imprima pas en mon cœur amoureux,
Tout ce que la douleur a de plus douloureux;
Niger, qui dans ses bras me tint euanouye,
Vous a pû rapporter ma souffrance inouye,
Et que dés ce iour là ie serois au cercueil,
Si i'eusse pû mourir de tristesse & de dueil:
Mais quoy que la rigueur de vostre procedure

D ij

## LE MARC ANTOINE

M'ordonnast une absence aussi prompte que dure.
Personne toutesfois ne me sçeut dispenser
A la moindre action qui vous peust offencer.
I'obey sans murmure, & ma douleur extreme
Eut encor du respect pour ma rivale mesme.
Tant ma discretion eut peur de vous fascher
En blasmant un objet qui vous estoit si cher.
Bien plus, mon amitié ne fut pas si petite,
Qu'ayant levé pour vous deux mil hommes d'eslite,
Ie ne songeasse encore à vous les envoyer,
Auec le plus de soin que i'y pûs employer,
Sans oublier l'argent & les autres richesses,
Pour faire à vos amis de nouvelles largesses.
Cela fait, i'essayay d'obeïr promptement,
Hastant, comme ie fis, ce triste partement,
Qui sans difficulté fut la fatale source
D'où nos malheurs ont pris une si longue course.
Tout le peuple de Rome, aussi-tost que i'y fus,
Sema sur mon retour un murmure confus,
Qui monstroit à peu pres, qu'il sçavoit quelque chose
D'un mal dont ie cachois, & l'effet, & la cause.
Esprouvant bien alors qu'aux courages discrets
Les desplaisirs cachez ont des glaives secrets.
Cependant ma prudence à couvrir ma misere,
Ne servit qu'à picquer le courroux de mon frere,
A qui ie refusay de sortir de chez vous,
De peur que ce discord ne fust connu de tous,
Et que là ne prit fin, à mon desavantage

La paix que i'auois faite, & dont i'estois le gage,
Mais vn courrier d'Egypte arriua tost apres,
Qui m'en fit desloger par vos ordres expres.
Ce fut là que chacun aprit nostre diuorce,
Ce fut là que mon dueil reprit nouuelle force,
Et que ie m'apperceus, pour surcharge d'ennuy,
Qu'au lieu de me seruir, ma vertu m'auoit nuy,
Puisque ma patience à souffrir vos outrages,
Aigrissoit contre vous la plus-part des courages.
Helas combien de fois ay-je prié les Dieux,
Les souspirs à la bouche, & les larmes aux yeux,
D'esteindre dans mon sang les flambeaux d'vne guerre,
Qui deuoit embraser tous les coings de la terre.
On dit que des bien-faits le recit importun,
Et le reproche mesme en est quasi tout vn :
Mais ma presomption n'est pas si desreglée,
Que de persuader à mon ame aueuglée
Que tout ce que i'ay fait ait deu vous attacher,
Ou qu'il me soit permis de vous le reprocher,
Puisque c'est vn deuoir, dont les loix d'Hymenée,
Ne sçauroient dispenser vne espouse bien née,
Et dont vous pourriez faire, ou point, ou peu de cas,
Que ie ne pouuois point ne vous les rendre pas.
Pourtant si mes respects n'ont rien qui vous oblige,
Au moins ne faut-il pas qu'ils ayent rien qui m'afflige,
Ny que ma patience à souffrir vos rigueurs,
Me cause des sujets de nouuelles langueurs.
Faut-il que ma constance, aux trauaux inuincible,

D iij

Soit une occasion de vous rendre insensible,
Ou que vous negligiez de finir mon tourment,
Pource que i'ay le don d'endurer constamment.
Non, non, il n'est plus temps que ma bonté me nuise,
Ny que mon amitié vostre haine produise,
Les charmes de l'Egypte auront-ils le pouuoir
De vous cacher tousiours ce que vous deuez voir?
O Dieux! si vostre Reine, une fois en sa vie,
Esprouuoit les malheurs dont la mienne est suiuie,
Ie ne sçay si son cœur, que vous croyez si haut,
Ne succomberoit point dés le premier assaut,
Ou s'il pourroit souffrir pour une amour nouuelle,
Les iniustes mespris que i'ay souffers pour elle;
Elle qui s'enfuit du combat d'Actium,
Ose-t'elle parler de son affection?
De quelle fermeté faut-il qu'elle se vante,
Si d'un peril douteux l'image l'espouuante?
Helas! qu'il couste peu dans la tranquillité,
De conseruer sa flâme & sa fidelité!
C'est en l'extremité des maux où ie me treuue,
Qu'une parfaite amour se connoit & s'espreuue.
Mais pardonnez, Seigneur, à mon ressentiment,
La douleur en cecy m'oste le iugement,
Puis qu'au lieu de songer au dessein qui m'ameine,
En blasmant son amour, ie m'acquiers vostre hayne.
I'ay passé tant de mers pour vous donner secours,
Non pour vous ennuyer de semblables discours,
Ie ne diray iamais que vous soyez blasmable,

D'aymer vne beauté que vous treuuez aymable,
Puis que Iule, l'honneur de la terre, & des Cieux,
S'abandonna luy-mesme au pouuoir de ses yeux ;
Mais du moins, par contrainte, imitez son addresse,
Et quoy qu'vn peu bien tard, quittez cette Maistresse,
Auec tous les malheurs qui suiuent ses appas.

### LVCILE.

Ie ne connoy que trop qu'il ne le fera pas.

### OCTAVIE.

C'est sur ce fondement que ie suis asseurée
De bastir vne paix d'eternelle durée,
Mon frere, à mon aduis, ne m'estime pas moins,
Que lors que par mes pleurs, & mes fidelles soins,
Ie vous fis embrasser sur les bords de Tarente,
Où l'Empire attendoit vne cheute apparente.

### ANTOINE.

Madame, s'il est vray que vous soyez icy,
Pour prendre de ma vie vn genereux soucy,
Ie n'empescheray point que par vostre entremise,
On n'obtienne la paix que vous m'auez promise ;
Mais pour ne faire pas vn effort vainement,
Apprenez aujourd'huy, qu'en tout euenement,
Antoine & Cleopatre, heureux, ou miserables,
Iusqu'au dernier soupir seront inseparables.

## LE MARC ANTOINE

**LVCILE**

O dieux !

**OCTAVIE**

Voulez-vous donc pour vous perdre tous deux,
Commettre tout au sort d'vn combat hazardeux ?

**ANTOINE**

Ouy Madame, & plustost mourir tous deux ensemble,
Que rompre laschement le nœud qui nous assemble,
C'est pourquoy s'il vous plaist ne m'en parlez iamais.

**LVCILE**

Dieux, quel aueuglement !

**OCTAVIE**

Non, ie vous le promets,
Mais puisque en son erreur vostre ame opiniastre,
Veut suiure iusqu'au bout le sort de Cleopatre,
Au moins obligez-moy de ne me point rauir
Vne autre occasion que i'ay de vous seruir.
Treuuez bon qu'Octauie en vos mains prisonniere,
Soit de vostre salut l'esperance derniere,
Et qu'elle y tienne lieu de garant asseuré,
Contre le mauuais sort qui vous est preparé.

**LVCILE**

## LVCILE

O femme, incomparable entre les plus parfaites.

## ANTOINE

Ie ne puis accepter l'offre que vous me faites,
La generosité dont vous voulez vser,
M'oblige par exemple à vous en refuser.
Non Madame, il suffit, cessez de me confondre,
Par des bien-faits si grands que ie n'y puis respondre:
N'attirez plus sur vous le courroux fraternel,
Pour l'amour d'vn espoux ingrat, & criminel:
En fin n'affligez plus vos plus belles années,
Du soin de mes erreurs & de mes destinées:
Adieu, c'est auiourd'huy que nous connoistrons tous,
Ce que les immortels ont resolu de nous.
Lucile hastez-vous, & faites que Madame
Sorte d'Alexandrie.

## OCTAVIE

   O dieux que ie reclame,
Dieux qui fustes tousiours à mes vœux endormis,
Est-ce icy le repos que ie m'estois promis?
Est-ce la recompense à ma constance deuë?
N'ay-ie passé des mers de si longue estenduë,
Ou fait tout ce qu'il faut pour me faire hair
D'vn frere, & d'vn party que i'ay voulu trahir,
Qu'afin de m'acquerir le nom, auec le blâme,
Et de mauuaise sœur, & d'inutile fâme,
Ou pour estre tesmoin des dernieres fureurs
De tout ce que la terre a de grands Empereurs.

## LE MARC-ANTOINE

Ou de quelque costé que la victoire encline,
Ie treuue esgalement une esgale ruine,
Vous son fidelle amy tachez de retarder,
Ce perilleux combat qu'il s'en va hazarder.
Possible que le temps, & l'esprit de Lucile
A de meilleurs aduis, le rendront plus docile.

### LVCILE

Madame, il ne se peut, les ordres sont donnez,
Et tous nos gens de guerre en bataille ordonnez.
C'est pourquoy commandez, où vous auez enuie
De vous faire conduire.

### OCTAVIE

Ou l'on m'oste la vie,
Ou la fin de mes iours soit la fin de mes maux,
Puisqu'Antoine n'est pas le fruict de mes trauaux,
Et que l'air de l'Egypte, à sa gloire fatale,
Le desrobe, à celuy de sa terre natale,
N'importe, il ne faut pas abandonner le soin
De le seruir encore à son dernier besoin.
La iuste aduersion que i'ay pour le Canope,
Veut, que sans differer, ie repasse en Europe,
Afin de m'esloigner des plus coupables lieux
Qui puissent attirer la disgrace des cieux.
Mais accompagnez-nous iusqu'à nostre galere,
Et nous aborderons dans le camp de mon frere,
Pour ayder vostre amy de tout nostre pouuoir
Dans la necessité qu'yl en pourroit auoir.

# ACTE III.

## SCENE PREMIERE.

### ARISTEE. IRAS.

#### ARISTEE.

NOn, Iras, vous sçauez que ie m'y doy con-
  nestre,
En qualité de Mage, & de souuerain Pre-
  stre;
Mais depuis cinquante ans que ie sers aux Autels,
Ie n'ay point obserué de signes si mortels:
Ny par où de nos Dieux l'implacable cholere,
Se monstrast aux humains plus terrible ou plus claire:
Et si nostre destin ne se doit point flater,
Leur derniere tempeste est proche d'esclater.
Pour moy, dont la lumiere est si pres de s'esteindre,
Que ie n'ay quasi plus qu'esperer ou que craindre,
Ce n'est que pour la Reine, & les siens que ie crains,
Et sans plaindre mon sort c'est le leur que ie plains.

E ij

## IRAS

Il est vray que la Reine, ô tres sage Aristée,
Si de vostre conseil vous l'eussiez assistée,
Auroit auec les siens les malheurs euitez,
Où son aueugle erreur les a precipitez.

## ARISTEE

Les Dieux me sont tesmoins que i'ay fait aupres d'elle,
Tout ce qu'y deuoit faire vn Ministre fidelle,
Que ne luy disie point pour luy faire quiter,
L'habillement d'Isis qu'elle a voulu porter,
En luy representant que cette irreuerence,
Irritoit la Deesse auec trop d'aparence ?
Qui voudroit auoir fait les choses que ie fis,
Quand elle fit nommer, & sa fille, & son fils
Auec vne insolence aux mortels non commune,
L'vn du nom du Soleil, & l'autre de la Lune,
Mais quoy, de ses flateurs les aduis mieux goustez,
Empécherent les miens d'estre bien escoutez.

## IRAS

En effet, Aristée, aussi-tost que ie pense,
A la prodigieuse & peu sage despense,
Qui de toute l'Egypte espuisa les thresors,
A dorer ses vaisseaux, & dedans, & dehors,
Quand ses profusions depuis continuées,
Et que les maux presents n'ont pas diminuées,

Ces danses, ces balets, ces festins d'ambre-gris,
Ce nouuel art de boire vne perle sans prix,
Et mille autres excez difficiles à croire,
Pour m'affliger l'esprit, s'offrent à ma memoire :
Ie ne m'estonne pas si le Ciel offensé,
Punit visiblement son orgueil insensé,
Et suiuant ce penser, mon esprit s'imagine,
Que c'est d'où nos malheurs ont pris leur origine.

### ARISTEE.

Iras, n'en doutez point, c'est vne verité,
Que les Dieux sont ialoux de leur authorité,
Et que leurs chastiments ont tousiours esté rudes,
Pour les impietez, & les ingratitudes.
Niobe eust pour suiet de son malheur fameux,
Apollon & sa sœur, qu'elle offença comme eux,
Et i'apprehende fort pour l'Egypte, & la Reine,
Qu'vn mesme aueuglement n'ait vne mesme peine,
Et que l'indignité des crimes paternels,
Ne rende enuers les dieux les enfans criminels :
Mais vous, & Charmion, ses plus chers secretaires,
Que ne luy donniez-vous des conseils salutaires ?

### IRAS.

Aristée, il est vray que ma compagne & moy,
Luy parlons plus qu'aucun qu'elle ait auprés de soy,
Mais en fin le credit, & de l'vne & de l'autre,
En matiere d'estat n'approche pas du vostre,

## LE MARC-ANTOINE

Et ce n'est seulement que touchant sa beauté,
Que nous la conseillons auecque priuauté.
C'est pourquoi quelque bruit qu'en fasse le vulgaire,
Tenez pour asseuré que nous n'y pouuons guere.

### ARISTEE.

Cependant nostre sort confondu dans le sien,
Partage esgalement, & son mal, & son bien,
Mais ie la voy venir, Adieu, ie me retire,
De peur d'estre obligé d'accroistre son martyre,
Du funeste rapport des signes descouuers,
Dans l'estomac sacré des animaux ouuers.

---

## SCENE II.

### CLEOPATRE, CHARMION, IRAS.

### IRAS.

Dieux comme vn beau visage en peu d'heures se change,
Et qu'on voit dans le sien vne tristesse estrange.

### CLEOPATRE.

O Dieux!

### IRAS.

Du fond du cœur ce soupir arraché,
Monstre un extreme dueil en son ame caché,
Aprochons-nous.

### CLEOPATRE.

Iras.

### IRAS.

Que vous plaist-il Madame?

### CLEOPATRE.

Ie veux vous faire voir les ennuis de mon ame,
Qui veritablement sont les moins divertis,
Et les plus douloureux qu'on ait iamais sentis.

### CHARMION.

Il est vray que tantost i'ay creu la Reine morte,
Quand le Roy l'a quittée à la derniere porte.

### CLEOPATRE.

Ouy, c'est là que mon ame en le voyant partir,
A senty tous les maux qu'une ame peut sentir,
Que par vne tendresse en ses yeux remarquée,
Et que par ses regards il m'a communiquée,
Ie me suis laissé cheoir dans ses bras bien aimez,
Qu'il me tendoit encore, & que i'auois armez.

## LE MARC ANTOINE

Car enfin mon esprit, quelque Philosophie,
Ou quelque long discours dont il se fortifie,
Ne peut faire espérer à mon timide cœur,
Que de cette bataille il revienne vainqueur.
Ce que me dit vn iour le sçauant Aristée,
A mille fois depuis ma memoire attristée.

### IRAS.

Et qu'est-ce qu'il vous dit ?

### CLEOPATRE.

Qu'il auoit obserué,
Que le Demon d'Antoine est fort & releué.
Mais que Roy sur tout autre il trembloit en esclaue,
Et perdoit sa vertu contre celuy d'Octaue,
Comme tousiours depuis le temps nous a monstré,
Qu'il n'a pour mon malheur que trop bien rencontré.

### CHARMION.

Madame, il vient à nous d'vne alleure, & d'vn geste,
Qui sont auant-coureurs d'aduanture funeste.

## SCENE III.

### ARISTEE, CLEOPATRE, IRAS, CHARMION.

#### ARISTEE.

HA vieillard, moins des ans, que des ennuis vaincu,
Malheureux seulement pour auoir trop vescu.

#### CLEOPATRE.

O ciel, nos ennemis ont gaigné la bataille.

#### ARISTEE.

Tout le peuple a pû voir du haut de la muraille,
Que touchant le laurier du combat pretendu,
Ils ne l'ont pas gaigné, mais nous l'auons perdu,
Puisque sans coup frapper, Cesar s'est rendu maistre,
Et des forces d'Antoine, & d'Antoine peut-estre.

#### CLEOPATRE.

O grands Dieux comme tout luy succede à souhait,
Mais de quelle façon le peut-il auoir fait ?

#### ARISTEE.

Vous sçauez qu'entre nous l'ordre estoit, ce me semble,
Que la terre, & la mer attaqueroient ensemble,
Or le Prince, & les siens n'attendoient pour charger,
Que de voir ses vaisseaux, au combat s'engager,

E ij

## LE MARC-ANTOINE

Quand la desloyauté que vous allez entendre,
A dementy l'effet qu'on en devoit attendre.
Leurs perfides soldats ont les mats abbaissez,
.... les ennemis qui les ont embrassez,
Et reduisant apres les deux flottes en vne,
Ont pris devers la ville vne routte commune.
Là nos gens de cheval, dis spectacle estonné,
Ou corrompus comme eux, vous ont abandonné.
Voila comme autrefois il surmonta Lepide.

### CLEOPATRE.

O l'indigne Empereur, le lasche, le timide,
Qui n'osant au combat sa valeur tesmoigner,
Desrobe la victoire, au lieu de la gaigner.
Sus donc, puisqu'aujourd'huy la cholere diuine
Coupé de mon espoir la derniere racine,
Et que mon infortune est montée à tel point,
Que mon dernier salut est de n'en croire point,
Auant que du destin la fureur insolente
M'oblige à me donner vne fin violente.
Mon pere obligez moy d'vn seruice dernier,
Allez voir si le Prince est mort, ou prisonnier,
Et si les ennemis sont dans Alexandrie.

### ARISTEE.

J'y vay tout de ce pas.

### CLEOPATRE.

Allez ie vous en prie,

Mes filles, c'est icy qu'il est bien à propos
De chercher sous la tombe vn asseuré repos,
Et que ma genereuse & prudente conduitte
Me doit sauuer des maux où ie me voy reduitte.

### IRAS.

Il est vray qu'il sied bien aux esprits genereux,
De courir au trepas quand ils sont malheureux,
Et vostre Majesté fait bien de s'y resoudre,
Apres le coup receu d'vne pareille foudre :
Mais le temps d'acheuer vn si hardy dessein,
Demande aussi le choix d'vn iugement bien sain,
Car c'est rage, & fureur, que de couper sa trame,
Tant qu'vn rayon d'espoir peut esclairer nostre ame.
Outre qu'Antoine, & vous, à toute extremité,
N'auez pas en la mort vostre espoir limité :
Cesar, dont la douceur est si fort renommée,
Suiuant son deuancier, dont vous fustes aymée,
Satisfait de l'honneur de vous auoir soubmis,
Donnera vostre grace à vos communs amis,
Essayant par cet acte, à iamais memorable,
De rendre sa clemence à la terre adorable.

### CHARMION.

Antoine toutesfois l'a reclamée en vain.

### IRAS.

C'est qu'il auoit encor les armes à la main.

F ij

Et qu'Octaue a pensé qu'il estoit de sa gloire,
De pousser iusqu'au bout le cours de sa victoire,
Afin que le rachat de nostre liberté
Fut vne grace, & non pas vn traité.

### ARISTEE reuenant.

O malheureux Royaume, ô miserable Reine
Esclaue maintenant, & non plus souueraine.

### CLEOPATRE

Et bien que fait le Prince, est-il temps de mourir ?

### ARISTEE

Ha, Madame, cessez de vous en enquerir,
Et d'en rien esperer qui vous soit salutaire.

### CLEOPATRE

Quoy, t'a-t-on veu choisir vn trepas volontaire,
Ou si le plus heureux qui commande aux humains,
L'est point encore assez pour l'auoir en ses mains ?

### ARISTEE

Ie puis vous asseurer qu'il est encore en vie,
Si depuis vn moment il ne se l'est rauie,
Mais auec tout cela n'attendez rien de luy,
Si ce n'est vn surcroist de misere, & d'ennuy,
On l'entend dans la cour qui forcene, & qui crie,
Vous nommant à tout coup sa fatale furie,

## DE MAIRET.
#### CLEOPATRE
Pourquoy suis-je vn objet digne d'estre hay?
#### ARISTEE.
Pource qu'il dit tout haut, que vous l'auez trahy.
#### CLEOPATRE.
O des afflictions qui m'ont persecutée,
La plus insupportable, & la moins meritée.
#### ARISTEE.
Cependant la fureur le transporte si fort,
Qu'il seroit à propos d'en euiter l'abord,
Ainsi que d'vn sanglier, dont la gueule qui fume,
Blanchit tout le chemin d'vne mortelle escume.
#### CHARMION.
Ie croy qu'en sa cholere il vous pourroit fascher.
#### CLEOPATRE.
Hé Dieux, où voulez-vous que ie m'aille cacher?
#### IRAS.
Vous n'auez qu'à passer dans vostre Mausolée,
Iusqu'à tant que sa rage en plaintes exhalée,
Vous ayez moins sujet de vous en defier,
Si vous auez dessein de vous iustifier.

F iij

## LE MARC ANTOINE

### CLEOPATRE

Vostre conseil est bon, il faut que ie le suiue,
Et qu'ainsi ie m'enferme au tombeau toute viue,
Iras & Charmion ne m'abandonnez pas,
Et vous sage Aristee, allez tout de ce pas
Prendre auec mes enfans, vne soudaine fuite.

### ARISTEE

Ce precieux depost commis à ma conduite,
Est vn pesant fardeau, que ie prends toutesfois.

### CLEOPATRE

Adieu peut-estre helas pour la derniere fois,
I'entends venir quelqu'vn de la chambre prochaine,
C'est Antoine, auançons de peur qu'il nous surprenne.

---

### SCENE IIII.

### ANTOINE & CLEOPATRE.

### ANTOINE

Vous me fuyez meschante, & les vostres aussi,
Ha Dieux, pourquoy tousiours ne fistes-vous ainsi
Desloyale, du moins attendez que ie meure.

### CLEOPATRE

Puisqu'il m'a descouuerte, il faut que ie demeure.

Me deust-il outrager.
## ANTOINE
            Demeurez, demeurez,
Pour voir le desespoir que vous me procurez,
Tremblez-vous, ame ingrate, au crime si hardie,
A l'aspect du sujet de vostre perfidie?
Vous qui n'auez pas craint d'acheuer le forfait,
Craignez-vous tant d'en voir le pitoyable effet?
Ou si vous redoutez qu'en l'excez de sa rage,
L'inconsolable Antoine, à bon droict vous outrage?
Non, non, ne croyez pas, quoy que desesperé,
Qu'il abbate un autel qu'il a tant reueré,
Il laisse au iuste ciel la vengeance effroyable,
D'un crime sans exemple, à la terre incroyable,
Et sans tremper ses mains dans vn sang si méchant,
Il ne vous veut punir qu'en vous le reprochant.
Ingrate, represente aux yeux de ta pensée,
Quatorze ans d'une vie auprés de toy passée,
T'ay-je manqué d'amour, t'ay-je manqué foy?
Ou que n'ay-je pas fait pour les tiens, & pour toy?
Ne t'ay-je pas donné d'vne main liberale,
Tout ce que l'Orient de richesses estale?
N'as-tu pas eu de moy des Royaumes entiers,
Dont i'auois despouillé les iustes heritiers,
Faisant du bien d'autruy cet insolent partage,
Comme si tout le monde estoit mon heritage?
Tu respondras possible en ton esprit confus,

*Que ie t'ay fait vn bien dont tu ne iouïs plus,*
*Et qu'auec le tien propre, vn Octaue te l'oste :*
*Il est vray, mais enfin tu le perds par ta faute,*
*Ouy, le cap d'Actium n'est pas si loin de nous,*
*Qu'il n'en rende vne preuue irreprochable à tous.*
*O que visiblement ma fortune est tournée*
*Depuis cette fameuse & fatale iournée,*
*Que ta fuitte arracha la victoire des mains*
*Au plus infortuné des Empereurs Romains.*
*Iour, le iour de ma honte, & la nuict de ma gloire,*
*Est-il, pour te marquer, vne pierre assez noire ?*
*Ce fut là trop ingrate, & perfide beauté,*
*Le premier coup d'essay de ta desloyauté,*
*C'est d'vn commencement de succez si funeste,*
*Que mon peu de raison deuoit iuger du reste.*
*Ce fut là qu'aux despens de tant de gens de bien,*
*Qui prodiguoient leur sang pour ton nom, & le mien,*
*Ta foy de longue main, par Octaue tentée,*
*Suiuit les mesmes vents dont tu fus emportée :*
*C'est par là qu'il surprit le plus fameux laurier*
*Que la victoire ait mis sur le front d'vn guerrier.*
*Ta galere en fuyant lui traça dessus l'onde*
*Le chemin qui conduit à l'Empire du monde,*
*Dont ce seul mauuais pas me pouuoit destourner,*
*Et que ie ne cherchois que pour te le donner*
*Ingrate. C'est encor par ton ordre, & ta ruze,*
*Qu'il emporta depuis la ville de Peluse,*
*Et que presentement ie suis abandonné*

Du

Du barbare secours que tu m'avois donné,
C'est le fruict qu'auoient faict les conseils de Tyrée,
Et vos propos secrets de si longue durée,
Quand ie le renuoyay chargé des coups de fouets,
Dont tes desloyautez se vengent à souhait.
Certes, quand ie serois quelque fameux corsaire,
Ou bien (comme il est vray) ton mortel aduersaire,
L'inuiolable droict de l'hospitalité
T'obligeoit, ce me semble, à la fidelité.
Il falloit me souffrir sur ta terre ennemie,
Ou m'en faire sortir auec moins d'infamie,
M'as-tu receu chez toy, sans amis, & sans biens,
Ou, tel que nostre Enée auecque ses Troyens,
Chassé de son païs, & sauué du naufrage
Fut monstrer sa misere aux portes de Cartage?
Helas qui me rendra ce que i'auois alors,
Que mon mauuais demon m'arresta sur ses bords,
Où sont neuf ou dix Rois qu'on comptoit à ma suitte
Le iour de ce combat si connu par ta fuitte,
Où tant de bons soldats, si richement armez,
Par tout, sous ma conduite, à vaincre accoustumez?
Enfin où ce bonheur, où cette renommée,
Qu'vn autre a recueillie, & que i'auois semée?
O miracle d'hymen, tant de fois esprouué
Qui m'as tousiours predit ce qui m'est arriué,
Si ie t'eusse peu croire, ô fidelle Octauie,
Que ton sort, & le mien, seroient dignes d'enuie.

G

## LE MARC ANTOINE

### CLEOPATRE

Seigneur, il est donc vray que vos sens abusez,
Ont creu les trahisons dont vous nous accusez?
Et que vous auez pû dispenser vostre langue
A cette iniurieuse & peu iuste harangue?
O dieux! apres vn coup si sensible, & si grand,
Ma constance succombe, & ma vertu se rend,
Comme si pour l'abbatre, Amour & la Fortune
Assembloient tout d'vn temps, leurs disgraces en vne.
Ie sçay trop qu'en l'estat où vous estes reduit,
Mes plus fortes raisons seront de peu de fruit,
Et voy bien qu'à present mes innocentes larmes,
Pour vaincre vos soupçons, sont de trop foibles armes.

### ANTOINE

Dy, dy, mes veritez ingrat monstre du Nil,
Dont les pleurs sont pareils à ceux du Crocodil,
Et de qui l'artifice, ou tel ou pire encore,
Desrobe enfin la vie à celuy qui l'adore.

### CLEOPATRE

Et bien, puisqu'en l'excez de vostre aueugle erreur,
Au lieu de vous toucher, mes maux vous font horreur,
Et que mes yeux pour vous n'ont que des larmes vaines,
Ie m'en vay vous verser tout le sang de mes veines:
Adieu, souuenez-vous que vous me faites tort,
Et que vous apprendrez, mon amour, par ma mort.

## ANTOINE seul.

Va treuuer ton Cæsar, ce vainqueur magnanime,
Qui n'a pas vn laurier qui ne luy couste vn crime,
Va iouïr auec lui du fruit de ses forfaits,
Et recueillir le bien du mal que tu me fais,
Et puisque vos esprits ont tant de sympatie,
Que la fraude en tous deux est si bien assortie,
Et que c'est dez long-temps que la race t'en plaist,
Ayme-le, tout trompeur, & tout lasche qu'il est:
Mais puisqu'il faut mourir, allons treuuer Lucile,
Qui nous rendra la mort plus douce, & plus facile,
Au moins si ce grand cœur, par ma cheute abbatu,
N'a point deshonoré son antique vertu.

## ACTE IIII

### SCENE PREMIERE

**ANTOINE, LVCILE.**

#### LVCILE

Enez pour asseuré que la ville est per-
 duë,
Que les Alexandrins t'ont eux-mesme renduë,
Et qu'Octaue en personne alloit s'en emparer,
Lors que ie suis venu pour vous en asseurer,
Et vous offrir encor ma vie, & mon adresse
Dans la necessité du malheur qui vous presse,
N'ayant point de desir, ny de penser plus doux,
Que de les employer vtilement pour vous.

#### ANTOINE

O destins ennemis, ô fortune contraire,
Quelques maux excessifs que vous m'ayez pû faire,
Vous ne m'auez outré ny vaincu qu'à demy,
Puisqu'il me reste encore vn veritable amy,
Vous des plus genereux, le plus parfait modelle,

Esprit tousiours esgal, comme tousiours fidelle,
Cher Lucile, espargnez ces soins officieux,
Pour quelque autre sujet plus agreable aux cieux,
Ils demandent ma vie, & vous faites vn crime,
De vouloir empescher que ie sois leur victime,
Ces diuers instruments, ces danses, & ce bruict,
Qui hors d'Alexandrie, ont sorty l'autre nuict,
Montrent bien que Liber m'abandonne en cholere,
Luy que i'ay tousiours pris pour mon Dieu tutelaire.
De plus, ma desloyale, & ses Egyptiens,
Par leur damnable exemple, ont corrompu les miens,
Si bien qu'abandonné du ciel, & de la terre,
Il est temps que ma mort acheue cette guerre,
Ne trauaillez donc plus qu'à vous fortifier,
Le courage, & la main, pour me sacrifier:
C'est ce qu'à vostre amour ma fortune demande,
Et le dernier deuoir qu'il faut qu'elle me rende.

## LVCILE

Vous pouuez seurement vous promettre de moy
Tout ce qu'on peut vouloir d'vne immuable foy,
Mais vostre sort encor, n'est pas tel que ie treuue,
Qu'il en doiue exiger cette sanglante preuue,
Plusieurs dans les ennuis sont morts auant le temps,
Que le moment suiuant alloit rendre contents,
Tesmoin le desespoir du malheureux Cassie,
Dont la fin auancée à la gloire obscurcie,
Le sort le plus malin, & le plus outrageux,

Cede à la fermeté d'vn esprit courageux,
Et restablit souuent au plus haut de sa rouë,
Ceux que son insolence auoit mis dans la bouë.
L'ennemy de Sylla, si grand, & si connu,
Qui du fonds d'vn marets, dont il sortit nu,
Monta Consul sept fois dedans le Capitole,
Semond les malheureux d'aller à son eschole.
Mais pour vous alleguer des exemples si frais,
Qu'ils soient pris de vous-mesme, & de vos propres faits,
Vous souuient-il encor de l'estat deplorable,
Qui vous fit esprouuer Lepide inexorable,
Quand au lieu du secours qu'il vous deuoit prester,
Il craignit de vous voir, & de vous escouter.
Cependant vous sçauez que tout seul, & sans armes,
Comme si vos malheurs eussent eu quelques charmes,
Vous surprîstes son camp qu'il vous auoit fermé,
Et gaignastes les siens, dont vous fustes aymé.
De sorte que Cæsar craignant vostre puissance,
Quoy que Rome tremblast sous son obeissance,
Pour acheter la paix auec vostre amitié,
De l'Empire vsurpé vous ceda la moitié.
Vne autre fois encore à la guerre des Parthes
A quelle extremité vous mit le Roy Phraartes.
Lors que vostre affranchy fut prest d'effectuer,
L'ordre que de vous mesme il eut de vous tuer.
De vous trancher la teste, & la couurir de sable,
Afin que vostre corps en fut moins connoissable,
Depuis il arriua que pour auoir vescu,

Ce Roy vostre vainqueur deuint vostre vaincu,
Pour moy i'espere encor, si vous me voulez croire,
Que vous retournerez à vostre estat de gloire,
Et que de vos erreurs le honteux souuenir,
Vous rendra plus habile aux choses auenir.

## ANTOINE

Ha foible, ha ridicule, & trompeuse esperance,
Non, ne nous flattons plus contre toute apparence,
Ie voy ma destinée, & sens bien que mes iours,
Et mes prosperitez ont acheué leur cours,
I'ay trop idolâtré cette indigne maistresse,
Trop suiuy les conseils de cette ame traistresse,
Et trop presté l'oreille aux langages flateurs,
De ceux que ses presents faisoient ses seruiteurs,
Me tesmoignant bien mieux issu du sang d'Hercule,
A seruir cette Omphale en Amant ridicule,
Qu'à suiure en grand heros ses faits laborieux,
Et meriter le nom de vainqueur glorieux,
I'ay dormy trop long temps dans le sein des delices,
La peste des vertus, & la source des vices,
Enfin i'ay trop aymé ce qui ne m'aymoit pas,
L'ingrate Cleopatre, auec ses faux appas,
Et sa perfide Egypte aux grands hommes fatale,
C'est où Iule ombragé des lauriers de Pharsale,
Pensa laisser la vie, & l'honneur dans les flots,
Deuant la mesme ville, où nous sommes enclos.
C'est où fort peu deuant, l'infortuné Pompée,

## LE MARCANTOINE

Contre la foy promise, eut la teste coupée,
Et c'est où mon destin me reserue à perir,
Par la fraude des miens qui me deuroient cherir,
Infidelles soldats, ingrate Cleopatre,
Dont le portrait graué dans mon cœur idolatre,
Fait encor sur ma haine vn si sensible effort,
Que vous auois-je fait pour me donner la mort?

### LVCILE

Il ne peut oublier cette Reine infidelle,
Seigneur, il ne faut plus ny vous souuenir d'elle,
Ny proferer son nom, que vous deuez chasser,
Et de vostre entretien, & de vostre penser.

### ANTOINE

Ie ne puis receuoir vn conseil plus vtile,
Mais l'execution en est bien difficile,
Mon cœur dans ses regards a trop pris de poison,
Pour ailleurs qu'en la mort trouuer sa guerison.
Les noires actions dont elle est diffamée,
La font bien moins aymable, & non pas moins aymée,
Enfin ie ne voy plus de milieu desormais,
Entre cesser de viure, & ne la voir jamais.

SCENE

## SCENE II.

### IRAS. ANTOINE. LVCILE.

#### IRAS.

O L'estrange rigueur, l'ingratitude insigne,
Et de tant de bien-faits la recompense indigne,
Auoir perdu pour luy le sceptre, & la clarté,
Et l'accuser de fraude, & d'infidelité.

#### ANTOINE
Dieux qu'est-ce qu'elle dit?

#### IRAS.
                  Que la Princesse est morte,
Et c'est à mon aduis ce qui peu vous importe,
Veu qu'au lieu de la plaindre, & la considerer,
Vous auez pris plaisir à la desesperer.
Puisque mon cher espoux m'a pû croire coupable
D'vn crime, dont mon cœur ne fut iamais capable,
Mourons, a t'elle dit, & qu'il cognoisse vn iour
L'irreparable tort qu'il fait à mon amour,
Cela dit, vn poignard a fait à nostre veuë,
A son ame innocente, vne sanglante issue,
De deux grands coups mortels son estomac percé,
A noyé son beau sein du sang qu'il a versé,
Et dans nos bras ouuers tombant comme vne souche,

H

Elle a rendu l'esprit vostre nom à la bouche.

### ANTOINE

O dieux, il faut la suiure.

### ERAS

Adieu ie vay chercher
Des parfums, & du cedre à luy faire un bucher.

### ANTOINE

Ne nous amusons plus à des regrets friuoles,
Son sang veut nostre sang, & non pas nos paroles ;
Lucile, c'est icy qu'il faut que vous suiuiez
Mes derniers sentimens, & que vous me seruiez :
Pour vous ie vous coniure, autant qu'il m'est possible,
De ne combatre plus mon malheur inuincible,
Mais de vous conseruer pour des destins meilleurs,
Que possible les dieux vous reseruent ailleurs.
Sans estre compagnon de ma triste aduenture,
Soyez-en le tesmoin apres ma sepulture.
Enfin pour satisfaire à mon dernier desir,
Faites que vostre Antoine, ait au moins ce plaisir,
Que d'acheuer sa vie en trauaux si feconde,
Par la main d'vn amy le plus aymé du monde.

### LVCILE

Viuez, viuez plustost, ou dispensez ma main
De l'execution de cet acte inhumain.

## ANTOINE

Ie veux absolument obtenir ma demande.

## LVCILE

Me le commandez-vous?

## ANTOINE

Ouy, ie vous le commande.
Tenez, ie vous presente & l'espee, & le corps
Que vous devez pousser au Royaume des morts.

## LVCILLE

Seigneur, puis qu'il vous plaist que ie sois l'homicide
De la race d'Enée & de celle d'Alcide,
Destournez ie vous prie, ou cachez à mes yeux
Cet auguste visage, & ce front glorieux,          *Il se tuë.*
Que i'ay veu commander à tant de milliers d'hommes.

## ANTOINE

O genereux qu'il fut! ô lâsche, que nous sommes,
Si nous tardons encore un instant à passer
Dans le sanglant chemin qu'il vient de nous tracer.
Tesmoin de tant d'assauts & de tant de batailles,
[ch]ere, & fidelle espee enfonce mes entrailles,     *Il se frappe.*
[T]einte du plus beau sang que iamais ait vomy
[De] le plus honneste homme, & le meilleur amy.

H ij

## SCENE III.

### IRAS, ANTOINE.

#### IRAS reuenuë.

Que ie crains auec vous, ô Reine infortunée,
Que la commission que vous m'auiez donnée,
D'annoncer vostre mort à ce desesperé,
N'ait trop soudainement, & trop bien operé.
Mais spectacle funeste autant que pitoyable,
O puissance d'amour d'estenduë incroyable,
Ce grand cœur tousiours ferme aux plus grands coups du
 sort,
Tombe, & meurt en effet par vne feinte mort.

#### ANTOINE.

Iras, le corps percé d'vne mortelle attainte,
Appellez-vous encor ma mort vne mort feinte ?

#### IRAS.

Helas ! asseurément il a mal entendu.
Non seigneur, tant de meurtre, & de sang respandu,
Font trop voir que vos mains n'ont pas voulu se feindre.

#### ANTOINE.

Dequoy parlez-vous donc, & qu'auez-vous à plaindre ?

### IRAS

Le malheureux effet, d'vn trepas supposé,
Dont le recit sans doute à le vostre causé ;
Puis qu'enfin la Princesse a voulu que ie fisse
L'essay de vostre amour auec cet artifice,
Pour voir si son malheur vous pourroit inuiter
A plaindre son destin, plustost qu'à l'imiter.

### ANTOINE.

Elle vit donc encore ?

### IRAS.

Ouy, mais ie vous asseure
Qu'elle ne viura guere aprés vostre blesseure :
Mais voicy de vos gens qui viennent à propos
Pour vous laisser mourir auec plus de repos,
Vous arrachant du corps cette sanglante espée.

---

## SCENE IIII.

### ANTOINE. IRAS.
### SOLDATS D'ANTOINE.

O Dieux, de quelle horreur est mon ame frappée
Magnanime Empereur qui peut auoir commis
Ce parricide enorme ?

## ANTOINE.

Antoine, mes amis,
C'est Antoine luy-mesme, & la fortune aduerse,
Cependant sans toucher au fer qui me trauerse,
Pour mourir en repos, menez-moy de ce pas
Vers celle dont l'amour à causé mon trepas,
Innocente ou coupable, il faut que ie la voya,
Et que ie gouste encor cette derniere ioye.

## IRAS.

Seigneur ie vay deuant, luy raconter l'effet,
Que sa mort supposée, & vostre amour ont fait.

## ANTOINE.

Allez, & que quelqu'vn songe à la sepulture
Du plus parfait amy qui fut en la nature.

---

### SCENE V.

### CÆSAR, OCTAVIE, MÆCENAS.

### CÆSAR.

Ovy ma sœur, la raison me force d'auoüer,
Que vostre procedé ne se peut trop louer,
I'estime fort en vous cette amour coniugale,
Et ce beau naturel que nul autre n'esgale.
Mais ie souhaitterois iusques au dernier point,

## DE MAIRET.

Que l'amour d'vn mary qui ne vous ayma point,
Ne vous fit pas ietter en vn peril extreme,
La fortune & l'honneur d'vn frere qui vous ayme.

### OCTAVIE.

Ha seigneur ! en l'estat qu'il se treuue auiourd'huy,
Quel dangereux effet peut-on craindre de luy ?

### CÆSAR.

Le mesme d'Annibal, dont l'exemple m'enseigne,
Ce qu'en pareille chose il faudra que ie craigne.

### OCTAVIE.

Mais il n'a plus de Rois à faire soufleuer.
Comme l'autre en auoit.

### CÆSAR.

       Mais il en peut treuuer.

### OCTAVIE.

Il n'en trouueroit pas dans la Cité d'Athenes,
Où ne conuersant plus auec des Capitaines,
Il changeroit bien-tost le soin de triompher,
En celuy de s'instruire, & de philosopher.

### CÆSAR.

L'estude peu long-temps, occupe vn Philosophe,
Et de pareille humeur, & de pareille estoffe.

Le desir de regner dans son cœur attaché,
Que par la seule mort n'en peut estre arraché.

### MÆCENAS.

Qu'importe qu'il conserue vne inutile enuie,
Qui ne sera iamais de son effet suiuie,
Le deplorable estat de sa condition,
Met la vostre à couuert de son ambition.

### CÆSAR.

Les affaires du monde ont trop d'incertitude,
Pour le souffrir sans crainte, & sans inquietude,
L'Estat le plus paisible, & le mieux affermy,
Ne peut trop redouter vn semblable ennemy,
Qui trouuera tousiours des courages rebelles,
Amoureux de desordre, & de choses nouuelles.

### OCTAVIE.

Croyez que les biensfaits en vn temps malheureux,
Font vn grand changement dans vn cœur genereux.

### CÆSAR.

Qu'Antoine ait l'ame ingrate, ou qu'il l'ait genereuse,
L'espreuue à mon aduis en est tres-dangereuse,
Quand on hazarde vn bien, que l'on peut asseurer,
C'est meriter sa perte, & se la procurer ;
Les bienfaits d'vn vainqueur le plus grand de nostre âge,
Eurent-ils le pouuoir de repousser la rage,

De

De tant d'ingrats meurtriers, qui firent le Senat,
Et complice, & tesmoin de leur assassinat?
Sachez, qu'on voit des cœurs, d'où iamais ne s'efface
Vn outrage receu, quelques biens qu'on leur fasse,
Et que le temps present, ny celuy qui suiura,
N'auront iamais de paix tant qu'Antoine viura.

### OCTAVIE.

Ha seigneur, si iamais l'amitié fraternelle,
S'est voulu signaler d'vne marque eternelle,
En ma iuste douleur ne me refusez pas,
Ou le pardon d'Antoine, ou mon propre trespas,
Et ne m'obligez point à suiure en robe noire
La pompe de sa mort, & de vostre victoire,
Mes larmes & mes vœux, vous demandent ce bien,
Au nom du grand Cæsar vostre pere & le mien,
Par leur tres-familiere & longue intelligence,
Par sa mort, dont tous deux vous pristes la vengeance,
Par la proximité, par l'amour qui nous ioint,
Et par cette bonté qui ne vous quitte point.

### CÆSAR.

Bien ma sœur, au hazard de voir que ma clemence,
Serue à d'autres combats de nouuelle semence,
Ie vous donne sa vie, & par ce mesme don,
Mets pour l'amour de vous la mienne à l'abandon.
Car vous vous souuiendrez que ses sourdes pratiques,
Reueilleront encor nos guerres domestiques,

Et qu'on ne verra point la fin de deux hyuers,
Qu'il n'essaye à troubler la paix de l'Vniuers:
Mais ie souhaite aussi pour mon bien & le vostre,
Que pour cette faueur vous m'en fassiez vne autre,
C'est de vous préparer à promptement partir,
Et de m'aller attendre en la Cité de Tyr,
Autant pour n'estre pas le tesmoin oculaire,
De quantité d'obiets qui vous pourroient déplaire,
Comme pour m'exempter des importunitez,
Que par vostre moyen i'aurois de tous costez,
L'amour que ie vous porte, & l'humeur dont vous estes,
Vous feroient receuoir, & m'offrir cent requestes.
Dont ie serois bien aise, & pour vous, & pour moy,
De ne faire iamais le refus ny l'octroy.

### OCTAVIE.

Si vous ne treuuez point ma priere inciuile,
Ie vous demande encor le genereux Lucile,
Cela fait ie m'esloigne, & quitte de bon cœur,
La malheureuse Egypte.

### CÆSAR.

      Ouy, ma tres-chere sœur,
Quoy que parfait amy du meurtrier de ma race,
Vous obtenez pour luy cette seconde grace:
Allez donc donner ordre à vostre partement,
Certes ie suis contraint d'auouer hautement,
Qu'on ne voit point d'effets de vertu consommée,

*Elle prend congé de Cæsar.*

Comme ceux que produit cette sœur bien aymée.

### MÆCENAS.

En effet sa conduitte estonne les esprits,
Lors qu'on vient à penser qu'apres tant de mépris,
Elle a tousiours payé de sagesse profonde,
Les erreurs d'vn mary le plus ingrat du monde;
Mais Proculée accourt d'vn pas precipité,
Et porte sous le bras vn glaiue ensanglanté.

---

### SCENE VI.
### PROCVLE'E. CÆSAR. MÆCENAS.
### PROCVLE'E.

SEigneur, ie vous aprens que la guerre est esteinte,
Dans le sang malheureux dont cette lame est teinte,
Antoine s'est deffait, au rapport d'vn des siens,
Qui portoit cette espée, & de qui ie la tiens,
L'ayant, à ce qu'il dit, de son corps arrachée,
Où iusques à la garde il se l'estoit cachée.

### CÆSAR.

O tragique nouuelle! ô pitoyable mort!
Qui monstre aux plus heureux l'inconstance du sort.

### MÆCENAS.

Ce grand cœur qui met bas la hayne auec les armes,

*Ne se peut empescher de luy donner des larmes.*

### CÆSAR.

I'auois tousiours bien dit que ce cœur indonté,
M'osteroit le moyen d'exercer ma bonté;
Mais que fait Cleopatre, où s'est elle sauuée,
Que par tout ce Palais on ne la point treuuée?

### PROCVLEE.

Elle est auec luy dedans son monument,
Et l'on dit qu'elle mesme en pleurs se consumant,
Par vne longue corde, à dessein deualée,
La tiré du Palais dedans le Mausolée,
Où la pluspart du monde asseure qu'il est mort.

### MÆCENAS.

Et pourquoy falloit-il qu'elle fist cet effort?

### PROCVLEE.

Elle n'a pas voulu qu'il entra par la porte,
De peur d'estre surprise en cette place forte,
N'estant qu'elle troisiesme en ce triste seiour.

### CÆSAR.

Sans doute elle a dessein de se priuer du iour,
Mais faut empescher que ce malheur n'arriue,
Mon triomphe sur tout demande qu'elle viue,
Outre qu'elle pourroit consumer en mourant

Ses plus riches tresors par le feu deuorant,
Il y faut auoir l'œil, c'est pourquoy, Proculée,
Par force, ou par surprise, entrez au Mausolée,
Et pour vous cher Macene, allez tout de ce pas
Solliciter ma sœur sur ce pressant depart,
Et sur tout empeschez qu'elle ne puisse apprendre
Le funeste accident que nous venons d'entendre.

# ACTE V

## SCENE PREMIERE.

CLEOPATRE. ANTOINE. mourant. IRAS.

### CLEOPATRE.

*Icy le Mausolée paroist.*

MON seigneur, mon espoux, & mon seul Empereur!
Quel demon, si remply de rage, & de fureur,
Auoit pû vous souffler dedans la fantaisie,
Et cette deffiance, & cette ialousie?

### ANTOINE.

Ma Reine, s'il vous plaist que ie meure en repos,
Ne m'entretenez plus de semblables propos,
Ne me reprochez plus cette mortelle offence,
Contre qui mon erreur est ma seule deffence,
Les larmes que ie mesle au sang que ie respans,
Monstrent que ie l'auoüe, & que ie m'en repens
Iamais ame tombée en pareille foiblesse,
Ne recognut sa faute auec tant d'allegresse;
Ie passe chez les morts plus agreablement,

Sçachant vostre innocence, & mon aueuglement.
C'estoit l'vnique bien à mon cœur desirable,
Pour acheuer en paix mon destin miserable,
Et dont les immortels, tous cruels qu'ils me sont,
Ont bien voulu flatter les grands maux qu'ils me font.
Cessez donc d'auancer par ce cruel reproche,
La course de mes iours, dont la fin est si proche,
Et que le sentiment du malheur où ie suis,
Qui vous rend insensible à vos propres ennuis,
Ne rende point en moy plus pesante, & plus dure
La charge, & la rigueur des peines que i'endure.
Ne considerez pas, ny mes iours, ny mon sort,
Par les honteux moments qui precedent ma mort,
Mais par tant de beaux faits & si dignes d'enuie,
Dont i'auois illustré le reste de ma vie;
Considerez plustost que presque dés vingts ans,
I'ay vescu iusqu'icy le premier de mon temps,
Que Romain, vn Romain, plus heureux à la guerre
Me desrobe auiourd'huy l'Empire de la terre :
Et qu'encore à present ie suis assez heureux,
Pour rendre dans vos bras mon esprit amoureux,
Donc sans vouloir vous perdre, en la perte des autres,
Viuez si vous pouuez, pour vous & pour les vostres.
Ie dis si vous pouuez auec la dignité
Et la condition où vous auez esté.
Mais ie sens que la mort les paupieres me ferme,
Et que ma destinée est proche de son terme;
Panchez vous sur mon lict, approchez vous de moy,

## LE MARC-ANTOINE

Afin que mon esprit, plein d'amour & de foy,
Vous passe dans la bouche, au sortir de la mienne,
Et de là dans le cœur, où ie veux qu'il se tienne.

### CLEOPATRE

Iras, c'est maintenant que les mains de la mort
L'ont tiré du naufrage aux delices du port,
Et que ie reste seule, aueugle, & vagabonde
Sur cette mer d'ennuis, tenebreuse & profonde.
Mais est-il, qu'il vous semble, ou raisonnable, ou beau,
Que vous alliez iouyr de la paix du tombeau,
Et que vostre rigueur me contraigne de viure,
Pour souffrir les assauts que le malheur me liure ?
Non, non, mon cher espoux, quelque sorte de biens
Que ie puisse obtenir de Cesar & de siens,
De quelque si constante, & si haute fortune,
Dont il repare en moy nostre perte commune,
Ce n'est pas m'estimer, me plaindre, ou me cherir,
Que me vouloir oster les moyens de mourir.
Vostre propre destin m'oblige, & me conuie
A finir promptement ma miserable vie,
Vostre mort en effet doit bien faire sur nous,
Ce que la nostre en feinte a pû faire sur vous.
Outre que nous auons vn suiet assez ample
De mourir par raison autant que par exemple.
Permets donc, ô ma chere & fidelle moitié,
Que le mesme cizeau de la mort sans pitié
Qui de ta belle vie a la trame tranchée,

*Acheue*

## DE MAIRET.

Acheue aussi la mienne à la tienne attachée,
Et que le mesme coup qui nous a separez,
Nous reioigne aux enfers que tu m'as preparez.

---

### SCENE II.

#### CHARMION. CLEOPATRE.

##### CHARMION accourant.

HA madame ! euitez les chaisnes qui vous suiuent,
Et sans plaindre les morts, plaignez celles qui
viuent.

##### CLEOPATRE.

O ciel ie suis perduë !   *Elle voit entre Proculée auec ses soldats.*

## SCENE III.

### PROCVLEE. CLEOPATRE. CHARMION.

#### PROCVLEE.

Empeschons son dessein,
Elle se veut donner d'vn poignard dans le sein,
Quoy madame, est-ce ainsi que vous voulez deffaire
L'ouurage le plus beau que le soleil esclaire,
Qui du premier Cæsar fut le plus doux soucy,
Et pour qui le second veut s'employer aussi,
Puisque c'est de sa part que ma voix vous coniure,
De ne luy faire pas la plus sensible iniure,
Que touchant sa clemence, il puisse receuoir,
En le priuant du bien de vous la faire voir,
Que si le iuste dueil qui suit vostre infortune,
Ne vous fait point treuuer sa visite importune,
Il desire luy-mesme auecque passion,
Vous confirmer la foy de ma legation.

*Icy il luy oste le fer.*

#### CLEOPATRE.

*Sentiment caché.*

Il faut feindre ; Ma perte est encor si recente,
Et mon affliction encore si puissante,
Que ie ne pense pas la pouuoir oublier,
Pour songer à ma grace, ou pour l'en supplier ;
La douleur m'empeschant l'vsage de ma langue.

## PROCULÉE.

*Au contraire madame, il n'est point de harangue
Qui vous fasse obtenir plus de grace de luy,
Ny qui le touche tant que fera vostre ennuy:
C'est pourquoy trouuez bon qu'on aille ouurir la porte,
Et qu'on oste ce corps, ou plustost qu'on l'emporte;
Afin que cet objet ne le surprenne pas.*

## CLEOPATRE.

*Portez-le donc ailleurs, ô genereux soldats!
Et vous fidelle Iras, que vostre soin s'applique,
A luy faire apprester ce tombeau magnifique,
Que l'on gardoit pour moy dans ce triste manoir
Auec tout l'apareil, & l'ameublement noir.*

## PROCULÉE.

*Madame, vn bruit confus de personnes & d'armes,
Tesmoigne que Cæsar vient essuyer vos larmes.*

## CHARMION.

*Le voicy.*

## SCENE IIII.
### CÆSAR, CLEOPATRE, PROCVLEE, CHARMION.

#### CÆSAR à ses gens.

N'Entrez point, ce lieu n'est pas suspect,
Et ie veux l'asseurer par ce trait respect.

#### CLEOPATRE.

Ha seigneur, quel des dieux eut pû me faire accroire,
Que ma confusion m'eut causé tant de gloire,
Et que le grand Cæsar daignant me visiter,
Eut flatté ma misere au lieu de l'irriter?

#### CÆSAR.

Leuez-vous, i'ay monté dans vostre Mausolée,
Non tant pour obliger vostre ame desolée
A me faire des vœux & des submissions,
Que pour la consoler en ses afflictions.
C'est pourquoy leuez-vous, & me donnez matiere,
D'exercer enuers vous ma bonté toute entiere.
Puisque c'est proprement ( si i'ay quelques vertus )
Celle dont ie me sers, & m'estime le plus.
On m'a dit ( & les dieux qui sçauent toute chose,

Sont tesmoins du regret que ce malheur me cause)
Qu'Antoine a desrobé sa vie à ma douceur,
Qui l'auoit accordée aux larmes de ma sœur.
Mais pour vous gardez bien qu'il ne vous prenne enuie
De ioindre vostre fin à celle de sa vie,
Et sans vous aueugler d'vne pareille erreur,
Escoutez ma clemence, & non pas sa fureur :
Quoy que ses noirs conseils vous semblent doux à suiure,
Vous auez des enfans pour qui vous deuez viure :
Ce n'est pas qu'apres tout, vous n'ayez merité
La hayne d'vn vainqueur, iustement irrité,
Et qu'à tant d'actions qui vous rendent coupable,
Vous puissiez alleguer vne excuse valable.
Ie laisse à part le tort que vous pourriez auoir,
Ayant fauorisé de tout vostre pouuoir
L'aueugle ambition, & les armes d'vn homme
Ennemy du Senat, & du peuple de Romme :
Ie ne dy rien du mal que vous fistes alors,
Que vostre bon accueil l'arresta sur vos bords,
Puisque vous respondrez que ce fut par contrainte,
Et par vn pur effet de foiblesse & de crainte,
N'osant pas irriter vn Empereur Romain,
Qui vous pouuoit oster le sceptre de la main.
Ie veux bien en cecy prendre vostre défence,
Et dire que la force eut part à vostre offence ;
Mais pouuez-vous defendre auec quelque raison,
Ce que vous auez fait en vne autre saison ?
Apres cette importante, & fameuse victoire,

K iij

Qui fit de vostre honte une theatre à ma gloire?
Que ne rendistes-vous comme vous le pouuiez
Par l'ordre, & les conseils que vous en receuiez,
La splendeur à vos iours, & la paix à vos terres,
En chassant cet objet de nos communes guerres?

### CLEOPATRE

Cette mesme rigueur, & cette mesme loy,
Qui me fit receuoir Marc-Antoine chez moy,
Voulut encor depuis que ie fusse sa fâme:
Si bien qu'apres cela ie ne pouuois sans blâme,
Et sans trahir la foy que l'Hymen veut de nous,
Chasser de ma maison mon hoste, & mon espoux.
Grace aux dieux Cleopatre auoit l'ame trop haute,
Pour une si honteuse, & detestable faute,
Son cœur, quoy qu'ennuyé d'un sort si rigoureux,
N'estoit pas de la vie, & du septre amoureux,
Iusqu'au point de liurer une si chere teste,
Ou d'achepter l'utile, aux despens de l'honneste,
Pouuois-ie consentir à cet acte odieux,
Sans deuenir l'horreur des hommes, & des dieux?
Cæsar mesme en cecy suiuant cette maxime,
Qu'on hait le criminel, quoy qu'on ayme son crime,
N'eut pas voulu penser, apres un tel forfait,
A me faire la grâce, & l'honneur qu'il me fait.
Ie cueille au moins ce fruit de ma foy non trahie,
D'estre plainte de tous, où tous m'auroient haïe,
Et deust ma procedure auancer mon trespas,

## DE MAIRET.

Mourons, le crime est beau, ie ne m'en repens pas;
Tant s'en faut, puis qu'enfin dans vn sort si funeste,
Les souhaits sont pour vous, le seul bien qui me reste,
Pour en faire vn si grand qu'il vous puisse asseurer
Du bonheur qu'à vos iours ie voudrois procurer.
Ie souhaite, ô Cæsar, de toute mon enuie,
Que tousiours vostre chere & fidelle Liuie,
Soit (comme ie l'attens de son honnesteté)
Ce que vous m'accusez d'auoir tousiours esté;
Ce n'est pas que la mort (s'il faut que ie l'endure)
Arrache de ma bouche, ou regret ou murmure:
Ie ne me plaindray pas, ny du sort, ny de vous,
Si ie suis inhumée auec mon cher espoux;
Donnez à mon destin ce funebre aduantage, *Elle se iette*
Au nom du grand Cæsar, dont vous estes l'image, *genoux.*
Et comme il me donna le septre & le bandeau,
Accordez moy la grace, & le choix du tombeau.

### CÆSAR.

Ie plains trop Cleopatre, & sa triste aduenture,
Pour luy faire vn present de semblable nature,
Viuez, viuez madame, & pour vous, & pour moy,
Qui vous engage icy mon honneur, & ma foy,
Qu'à present ie n'ay point vne plus forte enuie,
Que de vous conseruer l'esperance & la vie.

### CHARMION.

O vainqueur debonnaire!

### CLEOPATRE.

Et bien puis qu'il vous plaist,
Ie la veux conseruer toute triste qu'elle est,
Et la cherir encor, puis qu'elle vous est chere.

### PROCYLEE

Qu'elle a tost oublié son rang & sa misere.

### CLEOPATRE

Mais puis qu'Antoine est mort, il me semble à propos,
Pour mettre son esprit, & le mien en repos,
Que ie donne des pleurs & des plaintes funebres,
A ses yeux aueuglez d'eternelles tenebres.
C'est pourquoy treuuez bon, qu'en toute liberté
Ie m'acquitte enuers luy de cette pieté
De peur que vos soldats, comme obstacles prophanes,
N'empeschent les deuoirs que nous rendons aux Manes,
Suiuant qu'on le pratique en cette region.

### CÆSAR

Ie ne m'oppose point à la religion.
Donc puisque parmy vous, en mysteres semblables
Les tesmoins estrangers ne sont pas receuables,
Prenez pour satisfaire à ce pieux deuoir,
Toute la liberté que vous souliez auoir.
Adieu, viuez contente.

CLEO.

## DE MAIRET.

### CLEOPATRE.

                    *Ainsi tousiours propice,*
Vous puisse estre le ciel pour vn si bon office.

### CÆSAR. *En sortant.*

Proculée, à la fin cette femme viura,
Et fera regarder mon char qu'elle suiura.

---

### SCENE V.

### CARMION. CLEOPATRE.

### CHARMION.

Madame vous voyez qu'vn rayon d'esperance,
Luit encore à vos maux contre toute apparence,
Cæsar, soit qu'en effait il plaigne vostre sort,
Soit qu'il vueille paroistre aussi clement que fort,
Malgré la tyranie aux Romains ordinaire,
Vous traittera sans doute en vainqueur debonnaire.

### CLEOPATRE.

Ie cognois mieux que vous le langage & le cœur
De vostre debonnaire, & genereux vainqueur,
Qu'il garde pour quelqu'autre, à tromper plus aisée,
L'espoir dont ma douleur ne peut estre abusée:
Allez, allez querir ces mortels animaux,
Que i'ay fait reseruer au secours de mes maux,
Apportez moy ce vase, ou ce cristal funeste,

L

Où i'ay mis en depost tout l'espoir qui me reste,
Allez ma chere fille, & pour vous depescher,
Pensez qu'il faut mourir, & que le temps est cher.

### CLEOPATRE seule.

Octaue tu sçauras que tes caresses feintes
N'ont pas de mon esprit les lumieres esteintes,
Qu'on ne triomphe pas d'vn cœur comme le mien,
Et qu'ayant tout perdu ie n'espere plus rien.

## SCENE VI.

### IRAS, CLEOPATRE, CHARMION.

#### IRAS reuenuë.

Madame, i'ay suiuy vostre ordre en toute chose,
C'est dans vostre tombeau que le Prince repose,
Mais Cæsar a luy-mesme à vos gardes enioint,
De l'oster à vos yeux qui ne le verront point,
De crainte (ce dit-il) que cette triste veuë
N'irrite en vostre esprit la douleur qui le tuë.

### CLEOPATRE.

Cæsar prend trop de peine, & quand tous ses respects
Me seroient aussi chers, comme ils me sont suspects,
Quand mesme il nous rendroit tout le bien qu'il nous oste,
Et l'Empire du monde, vsurpé par ma faute,

Ses dons, & ses faueurs me seroient à mespris,
S'il ne me rend encor ce que la mort m'a pris:
Mais si c'est en ce point que par la destinée
Des dieux & des humains, la puissance est bornée,
Comme c'est par la mort que nous l'auons perdu,
C'est par la mort aussi qu'il nous sera rendu,
Attens donc cher espoux sur le riuage sombre,
Que mon fidelle esprit, aille ioindre ton ombre,
Il est temps desormais, que ie donne à mon tour
Vn exemple de cœur, de constance, & d'amour.
Voicy, voicy dequoy, commencer cet ouurage,
Voicy dequoy finir ma peine & mon veuuage,
Donnez le moy ce vase espouuantable aux yeux,
Qui de tous mes tresors est le plus precieux,
Puis qu'il est ma rançon & le depositaire,
De tout ce qu'auiourd'huy i'ay de plus salutaire:
C'est la mort, dont le bras en cette extremité,
Me doit sauuer l'honneur, auec la liberté.
Ne deliberons plus.

*Elle voit ven[ir] Charmion auec le vase [où] sont les serpens.*

*Elle porte la main dans le vase.*

### IRAS.

     O courage incroyable!
Elle estreint dans ce vase vn serpent effroyable,
Dont la langue eslancée, & les regards ardents,
Impriment la terreur au cœur des regardants.

### CHARMION.

O dieux il l'a picqueé!

L ij

### CLEOPATRE

Il est vray, mes amies,
Enfin i'ay reueillé ses fureurs endormies,
Et voy bien par le sang dont mon bras est marqué,
Qu'il en est grace aux dieux mortellement picqué.
Pour vous de mes trauaux compagnes genereuses,
Possible apres ma mort serez vous plus heureuses,
Viuez donc ie vous prie, & voyant mon trepas,
Loüez-en la constance, & ne l'imitez pas.

### CHARMION

Soit qu'il faille mourir, ou soit qu'il faille viure,
Nous n'aurons de plaisir que celuy de vous suiure,
Il est vray que l'honneur de mourir auec vous
Est vne recompence excessiue pour nous.
Mais si nostre ieunesse en seruices passée,
Peut meriter vn iour d'estre recompensée,
Souffrez que nous prenions pour salaire auancé,
Le reste du tresor que vous auez laissé,
Et par vne faueur ardamment souhaitée,
Que nous portions la main où vous l'auez portée.

### CLEOPATRE

*Elle leur donne le vase.*
Puisque vous le voulez, mes filles, ie le veux,
Tenez, voila dequoy satisfaire à vos vœux.

## DE MAIRET.

#### IRAS prenant le vase.

Ma sœur excusez moy, c'est en cette occurrence,
Que ie ne vous puis rendre aucune deference.

#### CHARMION.

Hastez vous donc de grace.

#### CLEOPATRE.

       O genereux esprits!
Rare contention, dont la mort est le prix.

#### IRAS à la Reyne.

Grace aux dieux nous aurons ainsi que la fortune,
La façon de mourir auecque vous commune.

#### CHARMION.

Attendons s'il vous plaist, de rendre grace aux dieux,
Que la nuict du trepas obscurcisse nos yeux,
Nous serions bien encore assez infortunées,
Pour ne pouuoir finir nos tristes destinées.

#### CLEOPATRE.

Preuoyant les malheurs qui me sont arriuez,
I'ay sur cent criminels, ces serpens esprouuez,
Et d'vn si prompt venin leur morsure est siuiuie,
Que presque en vn quart d'heure, il desrobe la vie,
Allez donc preparer mes ornements Royaux,

L iij

Portez sus mon lict d'or mes plus riches joyaux,
Pour y faire vne fin veritablement deuë
A la grandeur des Rois, dont ie suis descenduë.

### IRAS.

Nous executerons vostre commandement.

### CLEOPATRE.

Allez, & cela fait reuenez promptement.

## STANCES DE CLEOPATRE
### MOVRANTE.

Attendant que la mort dont ie sens les approches,
Me purge des reproches
Dont tu chargeois tantost mon honneur, & ma foy.
Paye toy cher espoux, si ma douleur te touche,
Des soupirs que mon cœur exhale par ma bouche,
Et permets à ma voix d'arriuer iusqu'à toy.

Soit que desia les dieux, dont tu croistras le nombre,
Ayent recueilly ton ombre.
Soit qu'assis dans vn trosne, & de flame, & de sang,
Ton esprit dans mon cœur ayt choisi sa demeure,
Voy qu'entre cent raisons qui veulent que ie meure,
L'amour à ton exemple a pris le premier rang.

Certes c'est de l'effect, & non de la pensee.

Que tu m'as deuancée;
Et si mes sentiments te sont bien apparents,
Que le peuple indiscret qui iuge mal des choses,
Discourant de ma fin l'impute à d'autres causes,
Ses plus faux iugements me sont indifferents.

On prendra pour raison de ma lumiere esteinte
La genereuse crainte
De suiure à Rome vn char que i'y deuois mener,
Si deuant Actium, le Demon de la gloire
T'eus pû faire resoudre à prendre vne victoire,
Que celuy de l'amour te fit abandonner.

Mais i'atteste les dieux du ciel & de la terre,
(Eux qui m'ont fait la guerre)
Ceux que ie vay quitter, & ceux que ie vay voir,
Ie t'atteste toy-mesme Esprit plein de lumiere,
Que la fin de ma mort, & sa cause premiere,
Regardent purement l'amour & le deuoir.

Quoy que l'ambition d'vne ardeur desreglée,
M'ayt tousiours aueuglée,
I'aurois dans le seruage accompagné tes pas;
Mais par vn droit acquis sur la terre, & sur l'onde,
Quand ie pourrois sans toy regner sur tout le monde,
Tout le monde sans toy ne me retiendroit pas.

Ton ame en quelque lieu que son sort la retienne,
Voit l'estat de la mienne.

88 LE MARC-ANTOINE

*Et iuge bien aussi, comme ce peu de temps*
*Qu'on m'a veu te suruiure auec tant de contrainte,*
*M'a porté dans le cœur vne plus viue attainte,*
*Que ne fera le dard de la mort que i'attens.*

### IRAS, reuenuë.

*Madame, tout est prest dans la chambre Royalle.*

### CLEOPATRE.

*Attens donc cher espoux, ton espouse loyalle.*
*Adieu, fils malheureux d'vn pere infortuné,*
*Illustre sang d'Hercule au glaiue abandonné,*
*Trop heureux seulement pourueu qu'il vous soit libre*
*De rencontrer plustost l'Acheron que le Tybre.*
*Adieu Temples, Autels, & vous Prestres, tenus*
*D'y receuoir des dieux qui vous sont inconnus;*
*Adieu chere Patrie, esclaue, & desolée,*
*Adieu Palais superbe, adieu grand Mausolée,*

*Elles passent dans la chambre voisine.*

*Noir tesmoin de la fin du premier des humains,*
*Et du dernier aussi des Empereurs Romains;*
*Iras soustenez moy, ce venin qui me tuë,*
*M'affoiblit à la fois & le cœur & la veuë.*

SCENE

## SCENE VII.
### CÆSAR. MÆCENE.
#### CÆSAR.

ET ma sœur, dites-vous, est en mer maintenant?

#### MÆCENE.

Ouy seigneur, Cornelie, auec son Lieutenant
La vont accompagner iusques en Phœnicie,
Voila ce que i'ay fait,

#### CÆSAR.

        Ie vous en remercie,
Sur tout vous m'auez fait vn insigne plaisir,
De l'auoir embarquée auant qu'elle eut loisir
D'apprendre le destin d'Antoine & de Lucile,
Et qu'ils n'ont eu de moy qu'vn grace inutile,
Ie ne voudrois pas voir les transports de douleur,
Qu'elle fera paroistre au bruit de ce malheur.

#### MÆCENE.

Vrayment cette Princesse, est le parfait exemple
De toutes les vertus les plus dignes d'vn temple,
Et nous verrons encor qu'elle fera du bien,
Au sujet malheureux, qui luy vola le sien.

M

Mais à propos, seigneur, ie ne comprens qu'à peine
L'estrange changement, où tomba cette Reyne,
Ie ne puis conceuoir, que ce cœur genereux,
Ce courage superbe, & de plus amoureux,
Ayt si tost preferé les troubles de la vie,
Au repos de la tombe où l'honneur la conuie.

### CÆSAR.

La mort la moins difforme, est vn monstre d'horreur,
Qui dans les plus grands cœurs imprime la terreur,
Et se rauir par elle aux triomphes de Romme
Plustost, que d'vne fame est l'ouurage d'vn homme.

### MÆCENE.

Sophonisbe pourtant ne le fit pas trop mal.

### CÆSAR.

Mais toutes ne sont pas la fille d'Asdrubal,
Outre qu'elle n'a plus aucun suiet de crainte,
Si bien i'ay rallumé son esperance esteinte.

### MÆCENE.

Vous le croyez ainsi, mais il arriuera,
Que si l'on n'y prend garde elle vous trompera.
Le poignard dont tantost la main de Proculee
A desarmé la sienne entrant au Mausolee,
Montre assez clairement qu'il faut s'en defier,
Et que son moindre soin est de sacrifier

Si ce n'est qu'elle mesme a resolu peut-estre,
De seruir à la fois de victime & de prestre,
Mais voicy Proculée à grands pas accourant,
En qui le front tout seul marque vn trouble apparent.

## SCENE DERNIERE.

### PROCVLE'E. CÆSAR. MÆCÈNE.

#### PROCVLEE.

HA seigneur Cleopatre, auec son sacrifice
Nous a bien abusez d'vne funeste artifice,
Vous m'auiez en partant expressement enioint,
De sortir de sa chambre, & de n'y rentrer point
Qu'elle n'eut acheué paisible, & solitaire,
Le temps que demandoit ce frauduleux mistere.
I'auois donc à sa porte attendu quelque temps,
Quand après des sanglots, & des cris esclatans,
Ces mots iniurieux ont frappé mon oreille,
O Romme en tyrannie, à nulle autre pareille,
Veille nous, garde nous, tes soins sont superflus,
Nous sommes en estat de ne te craindre plus.
Lors sans plus differer faisant rompre les portes,
I'ay treuué Cleopatre, & ses deux filles mortes.

#### CÆSAR

Quoy Cleopatre est morte?

#### PROCVLEE

Ouy seigneur c'en est fait,

M ij

## LE MARC ANTOINE

Iamais mauuais dessein n'eut vn plus prompt effait,
Et ce qui plus encor me surprend, & m'estonne,
Le genre de sa mort n'est connu de personne,
Tout ce qu'on en peut croire, auec plus raison,
C'est qu'elles ont vsé d'vn violent poison.

### MÆCENE.

Dieux qu'il est malaisé de conseruer la vie,
A ceux qui du trepas font leur plus douce enuie.

### CÆSAR.

Certes cette action courageuse qu'elle est,
En me desobligeant me rauit, & me plaist,
I'estime la prudente, & genereuse addresse,
Par où cette captiue a trompé ma finesse,
Et ne deuant plus viure, elle a fait vne mort
Digne de la splendeur des Rois dont elle sort.

### MÆCENE.

Seigneur pour vostre gloire il faudroit ce me semble,
Que l'on fist inhumer ces des amants ensemble,
Afin que le trepas ne dessunisse point
Vn couple infortuné que l'amour auoit ioint.

### CÆSAR.

Ouy Mæcene, & Cæsar n'y fera point d'obstacle,
Allons voir cependant ce tragique spectacle.

FIN.

www.ingramcontent.com/pod-product-compliance
Lightning Source LLC
LaVergne TN
LVHW050628090426
835512LV00007B/732